The Law Of International Copyright: Between England And France In Literature, The Drama, Music, And The Fine Arts, Analysed And Explained ... The Whole In English And French

Peter Burke

LOI INTERNATIONALE

ENTRE

L'ANGLETERRE ET LA FRANCE,

SUR LA PROPRIÉTÉ

DES OUVRAGES LITTÉRAIRES, DES COMPOSITIONS DRAMATIQUES ET MUSICALES, ET DES ŒUVRES D'ART,

ANALYSÉE ET EXPLIQUÉE;

ET SUIVIE DE LA CONVENTION, DES ORDONNANCES DU CONSEIL, ET DES ACTES RÉCENTS DU PARLEMENT SUR LA MATIÈRE.

LE TOUT PUBLIÉ EN ANGLAIS ET EN FRANÇAIS.

PAR PIERRE BURKE,

AVOCAT DU TEMPLE.

"Hoc paces habuere bonæ."—HOR.

LONDRES:

SAMPSON LOW ET FILS, 169 FLEET STREET.

1852.

L'auteur de cet ouvrage s'en réserve le droit de traduction.

THE LAW

OF

INTERNATIONAL COPYRIGHT

BETWEEN

ENGLAND AND FRANCE,

IN

LITERATURE, THE DRAMA, MUSIC, AND THE FINE ARTS,

ANALYSED AND EXPLAINED;

WITH THE CONVENTION, THE ORDERS IN COUNCIL,
AND THE RECENT ACTS OF PARLIAMENT
ON THE SUBJECT.

THE WHOLE IN ENGLISH AND FRENCH.

By PETER BURKE, Esq.,

OF THE INNER TEMPLE, BARRISTER-AT-LAW.

"Hoc pacee habuere bonæ."—Hor.

LONDON:
SAMPSON LOW & SON, 169 FLEET STREET.
1852.

TO

M. L'ABBÉ DANIEL,

HONORARY CANON OF COUTANCES AND BAYEUX,

OFFICER OF THE LEGION OF HONOUR,

INSPECTOR GENERAL,

AND MEMBER OF THE SUPERIOR COUNCIL

OF PUBLIC INSTRUCTION,

WHOSE EMINENT QUALIFICATIONS HAVE BEEN

SO LONG AND SO SUCCESSFULLY DEVOTED TO

THE CAUSE OF EDUCATION,

THIS WORK,

EXPLANATORY OF A CONVENTION MADE FOR THE ADVANCEMENT

OF KNOWLEDGE,

IS APPROPRIATELY DEDICATED,

WITH MANY PLEASANT AND GRATEFUL REMEMBRANCES,

BY HIS FAITHFUL SERVANT AND FRIEND,

PETER BURKE.

à

M. L'ABBE DANIEL,

CHANOINE HONORAIRE DE COUTANCES ET DE BAYEUX,

OFFICIER DE LA LÉGION D'HONNEUR,

INSPECTEUR GÉNÉRAL,

ET MEMBRE DU CONSEIL SUPÉRIEUR

DE L'INSTRUCTION PUBLIQUE,

DONT LES HAUTES LUMIÈRES SI EFFICACEMENT CONSACRÉES

PENDANT TANT D'ANNÉES

À LA CAUSE DE L'ÉDUCATION,

SAURONT APPRÉCIER UNE CONVENTION

PROTECTRICE DES LETTRES ET DES BEAUX ARTS,

HOMMAGE ET SOUVENIR,

DE SON AMI,

PIERRE BURKE.

PREFACE.

THE subject and purpose of this small work speak for themselves. The author's endeavour, to the best of his ability, has been to connect together, and to explain, in both languages, as clearly as the confused nature of the topic, and the limits of the book permit, the double system of jurisprudence which supports this International Convention—a task of no little difficulty, when one considers the extreme verbosity and prolixity which encircle and obscure, especially in England, the wisdom of the law. Touching the Convention itself, little in support of its merits need be spoken. The magnitude of its utility luminously appears. Fostering every better and gentler feeling—keeping alive the bright, yet benignant flame of intellectual emulation between the two greatest nations the world has ever seen—this Convention holds in its keep and power the fair cause of human enlightenment, and the consequent preservation of the incalculable blessings

PRÉFACE.

———

Le sujet et le but de cet essai parlent d'eux-
mêmes. L'auteur a fait de son mieux pour
rendre dans les deux langues, et expliquer aussi
clairement que le permettaient la nature d'un
sujet aussi embrouillé et les limites de cet ouvrage, le double système de jurisprudence sur
lequel est basée cette Convention Internationale; et si l'on considère la verbosité et la
prolixité interminables dans lesquelles tourne et
se cache, surtout en Angleterre, la sagesse de
la loi, on admettra que la tâche était peu facile.
Quant à la Convention elle-même, il n'y a rien
de plus à en dire: la grandeur de son utilité parait
avec éclat. Fécondant tous les. sentiments les
plus dignes et les plus doux—entretenant le feu
tout à la fois brillant et bienfaisant de l'émula-
tion intellectuelle entre les deux plus grandes
nations que le monde ait jamais vues, cette Convention tient sous sa sauvegarde la noble cause du
perfectionnement de l'esprit humain, d'où depend

of peace. Time and experience will no doubt bring into view many valuable improvements to add to the boon. Some of these have occurred to the author in the course of his present labours; such, for instance, as extending and enlarging the protection granted to dramatic translations—establishing an English copyright in painting, which, strange to say, does not now exist—and giving to the English common law courts and judges the same equitable jurisdiction regarding injunctions in cases of literary and artistic piracy as they have just obtained in relation to patent infringement. These ameliorations, once their necessity becomes evident, will doubtless be speedily realised, now that the public mind of France, mighty in the activity of its intelligence, takes interest about them; and that our own great champions in behalf of literature and science— Brougham, Bulwer, and others of note—continue members of Parliament, and stanch advocates for the universality of knowledge. Thanks to them, these intellectual reforms have already steadily and surely gone on, bringing fruits which will remain sensibly to the taste in the far-distant time to come, when past warlike and political glory will be but too often a thing of mere boastful or doubtful recollection. The hope is that all other countries will take example from

la conservation des bienfaits innombrables de la
paix. Le temps et l'expérience ajouteront encore
aux avantages de cette Convention en mettant au
grand jour plusieurs améliorations importantes.
Quelques unes se sont présentées à l'esprit de
l'auteur tandis qu'il préparait ce travail: telles
sont, par exémple, la nécessité de donner plus d'extension à la protection accordée aux traductions
dramatiques; d'établir un droit anglais de propriété sur les peintures, qui, chose étrange, n'existe point actuellement; et d'attribuer en Angleterre aux tribunaux et aux juges de droit coutu-
mier la même jurisdiction, quant à ce qui concerne
les arrêts en matière de contrefaçon littéraire et ar-
tistique, que celle que possède la cour de la Chancellerie, et qu'ils viennent d'obtenir eux mêmes
récemment au sujet des infractions aux droits du
propriétaire d'un brevet. Ces améliorations, dont
l'urgente nécessité ne peut manquer d'être sentie,
seront sans doute bientôt realisées maintenant
que l'esprit public en France, si puissant par la
force de son intelligence, est préoccupé en leur
faveur, et que nos grands champions nationaux
de la littérature et de la science, tels que
Brougham, Bulwer, et d'autres hommes de haute
portée, restent dans le Parlement où ils se mont-
rent les fermes défenseurs de la propagation
des lumières. Grâces à eux, ces réformes intellec-

England and France, and permit this kind of international defence to have civilisation alone for its
limits. Shielded by such protection, the child of
genius will send forth his productions throughout
many a clime to instruct and delight mankind—
induced to do so by that feeling of security which
no doubt led Homer of old to charm people after
people with the immortal verse that successive
and enraptured ages first owed to the bard, in his
wanderings from territory to territory, experienc-
ing everywhere a sheltering care. The scheme
of international copyright is indeed a great
one; and if this little book prove anywise useful
in elucidating or proclaiming its bearings, the
author will have ample reward and satisfaction for
his toil.

TEMPLE, 1852.

tuelles ont déja commencé, et elles se continuent sans interruption, portant avec elles des fruits dont les générations futures apprécieront encore mieux toute la valeur réelle, alors que la gloire guerrière et politique ne sera plus qu'un simple sujet de vanterie ou ne restera guères dans la mémoire des hommes. Il faut l'espérer—les autres nations, à l'instar de l'Angleterre et de la France encourageront cette espèce de protection internationale jusqu'á ce qu'elle n'ait d'autres limites que celles de la civilisation. Sous cette égide l'enfant du génie répandra partout ses productions pour instruire le genre humain et en faire les délices; il se lancera dans cette voie avec le même sentiment de sécurité que sans doute soutenait jadis Homère lorsque errant au milieu des peuples qu'il charmait par ses chants immortels, le vieux barde recevait partout un accueil qui le mettait à l'abri du danger.

Le but que se propose la loi internationale sur les droits des auteurs est un noble but; et si ce petit livre aide à en faire comprendre la portée, et à proclamer les avantages qui en dérivent, l'auteur se croira amplement récompensé.

TEMPLE, LONDRES, 1852.

CONTENTS.

TABLE DES MATIÈRES.

THE LAW

OF

INTERNATIONAL COPYRIGHT

BETWEEN ENGLAND AND FRANCE.

LOI INTERNATIONALE

SUR LA PROPRIÉTÉ DES ŒUVRES DE LITTÉRATURE ET D'ART,

ENTRE L'ANGLETERRE ET LA FRANCE.

THE LAW

OF

INTERNATIONAL COPYRIGHT

BETWEEN ENGLAND AND FRANCE.

THE important Convention, now in full force and effect, between this realm and the French Republic, establishing an international copyright, has of course for its foundation the law of either country upon the subject. To fully understand, therefore, this Convention, and the various statutory orders and ordonnances connected with it, a knowledge of the leading features, at least, of the copyright law in England and France is absolutely necessary. It is therefore here proposed, before entering on the actual matter of the Convention itself, to give a brief summary of the law relative to copyright, as it exists in each of the contracting states. For further and more extensive particulars about it, the reader is referred to " Godson and Burke's Law of Copyright," "The French Codes," and the able " Traité de la Contrefaçon," by M. Blanc, of the Cour Royale. The subject is here confined to those points imperatively requisite to be known ; they will occupy the two following chapters.

LOI INTERNATIONALE

SUR LA PROPRIÉTÉ DES ŒUVRES DE LITTÉRATURE ET D'ART

ENTRE L'ANGLETERRE ET LA FRANCE.

La Convention importante, maintenant en vigueur, entre la reine d'Angleterre et la République Française, établissant une loi internationale sur les droits des auteurs, est naturellement fondée sur les lois existantes à ce sujet dans les deux pays. Aussi, pour bien comprendre cette Convention et les statuts, ainsi que les ordonnances qui s'y rapportent, il est absolument nécessaire de connaitre, au moins, les points principaux de la loi sur les droits des auteurs en France et en Angleterre. On se propose donc ici, avant d'aborder la question actuelle de la Convention elle-même, d'exposer sommairement la loi relative aux droits des auteurs, telle qu'elle existe dans chacun des états contractants. Pour de plus amples détails et des éclaircissements plus étendus, il faut renvoyer le lecteur à la " Loi sur les droits des auteurs, de Godson et Burke," aux " Codes Français," et à l'excellent " Traité de la Contrefaçon," de M. Blanc, de la Cour Royale. Ici, le sujet est restreint aux points principaux qu'on ne doit point ignorer; ils occuperont les deux chapitres suivants.

CHAPTER I.

THE different species of English copyright, and the extent of their duration, are created by a variety of acts of Parliament. The principal of these statutes is that relating to literature—the 5 & 6 *Vict. c.* 45—which in its second section defines the term copyright to mean, "The sole and exclusive right of printing or otherwise multiplying copies of any subject to which the word is applied in the act." Founded upon this and other statutes, the English copyright law, to which the International Convention extends, may be divided as follows:—

I. LITERARY COPYRIGHT, depending, as just stated, on the 5 & 6 *Vict. c.* 45, which repeals three previous acts—the 8 *Anne c.* 19, the 41 *Geo.* 3, *c.* 107, and the 54 *Geo.* 3, *c.* 156. The 5 & 6 *Vict. c.* 45 is amended with regard to the British colonies by the 10 & 11 *Vict. c.* 95.

CHAPITRE Ier.

DE LA PROPRIÉTÉ DES ŒUVRES DE LITTÉRATURE ET D'ART EN ANGLETERRE.

LES différentes espèces de propriétés littéraires et d'art en Angleterre, et l'étendue de leur durée, sont fixées par divers actes du parlement. Le plus important de ces statuts—(celui des 5e et 6e an. du règ. de *Vict. c.* 45)—qui dans sa seconde section dit que l'expression de droit de propriété sur les œuvres de littérature et d'art signifie,—" Le droit exclusif d'imprimer ou de multiplier de toute autre manière des exemplaires ou copies des objets auxquels cette expression s'applique dans l'acte." Fondée là-dessus la loi anglaise sur la propriété des œuvres de littérature et d'art, à laquelle s'étend la Convention Internationale, peut se diviser ainsi qu'il suit:—

I. DROIT DE PROPRIÉTÉ LITTÉRAIRE, qui résulte, comme on l'a constaté, d'un acte de la 5e et 6e ann. du règ. de *Vict. ch.* 45, lequel révoque trois actes précédents—un acte de la 8e an. du règ. d'*Anne, ch.* 19—un acte de la 41e an. du règ. de *Geor.* III. *ch.* 107, et un autre de la 45e an. du règ. de *Geor.* III. *ch.* 156. L'acte des 5e et 6e an. du règ. de *Vict. ch.* 45, est amendé quant à ce qui regarde les colonies par l'acte des 10e et 11e an. du règ. de *Vict. ch.* 95.

II. DRAMATIC COPYRIGHT, depending on the 3 & 4 *W.* 4, *c.* 15, and sections 20, 21, and 22 of the 5 & 6 *Vict. c.* 45, and also, in some measure, on the 6 & 7 *Vict. c.* 68, which regulates theatres.

III. ENGRAVING COPYRIGHT, constituted by the 8 *Geo.* 2, *c.* 13, the 7 *Geo.* 3, *c.* 38, the 17 *Geo.* 3, *c.* 57, and the 6 & 7 *W.* 4, *c.* 59 (*Irish act.*)

IV. SCULPTURE AND FINE ARTS COPYRIGHT, constituted by the 38 *Geo.* 3, *c.* 71, and the 54 *Geo.* 3, *c.* 56, and further protected by registration under the 13 & 14 *Vict. c.* 104, *ss.* 6, 7.

The following tabular form will give the different terms of copyright as they now exist:—

SPECIES OF COPYRIGHT.	TERM OF COPYRIGHT.
I. BOOKS (5 & 6 *Vict. c.* 45, *including in that word* MAPS, CHARTS, AND PLANS) :	
Of which the copyright belongs to the Crown,	PERPETUAL.
Of which the copyright is given or bequeathed to the Universities of Oxford or Cambridge, the colleges within them ; to the four Universities in Scotland; to Trinity Col-	PERPETUAL, while printed at their own presses, if the term be not limited in the donation.

II. Droit de Propriété sur les Œuvres Dramatiques, qui résulte d'un acte des 3ᵉ et 4 an. du règ. de *W. IV. ch.* 15, et sections 20, 21, et 22 de l'acte des 5ᵉ et 6ᵉ an. du règ. de *Vict. ch.* 45, et aussi, en quelque sorte, d'un acte des 6ᵉ et 7 an. du règ. de *Vict. ch.* 68 qui règle les théâtres.

III. Droit de Propriété sur les Gravures, établi par l'acte de la 8ᵉ an. du règ. de *Geor. II. ch.* 13, l'acte de la 7ᵉ an. du règ. de *Geor. III. ch.* 38, l'acte de la 17ᵉ an. du reg. de *Geor. III, ch.* 57, et l'acte des 6ᵉ et 7ᵉ an. du règ. de *W. IV. ch.* 59 (acte irlandais).

IV. Droit de Propriété sur les morceaux de Sculpture et les Beaux-Arts, établi par un acte de la 38ᵉ an. du règ. de *Geor. III. ch.* 71, et un acte de la 54ᵉ an. du règ. de *Geor. III. ch.* 56, et, de plus, protégé par enregistrement d'après un acte des 13ᵉ et 14ᵉ an. du règ. de *Vict. ch.* 104, *ss.* 6, 7.

Le tableau suivant donne les diverses définitions de propriété d'œuvres littéraires et d'art, d'après les lois existantes:—

DÉFINITION DE LA PROPRIÉTÉ.	DURÉE DE LA PROPRIÉTÉ.
I. Livres (acte des 5ᵉ et 6ᵉ an. du règ. de *Vict. ch.* 45, *comprenant dans ce mot les* Cartes *et les* Plans) :	
Dont la propriété appartient à la Couronne,	Perpétuelle.
Dont la propriété est donnée ou léguée aux Universités d'Oxford ou de Cambridge, aux collèges qui en dépendent; aux quatre Universités d'Ecosse; au Collège de la Trinité	Perpétuelle, tant que les ouvrages sont imprimés parleurs presses, si la durée n'est pas limitée dans la donation.

SPECIES OF COPYRIGHT.	TERM OF COPYRIGHT.
lege, Dublin; or to the Colleges of Eton, Westminster, or Winchester, In manuscript, Published after the passing of the 5 & 6 Vict. c. 45, the 1st July, 1842,	PERPETUAL. *If published in the author's lifetime,* FOR THE AUTHOR'S LIFE AND 7 YEARS AFTER HIS DEATH; OR 42 YEARS FROM THE TIME OF FIRST PUBLICATION. *If published after the author's death,* 42 YEARS FROM THE TIME OF FIRST PUBLICATION.
Published before the passing of the 5 & 6 Vict. c. 45, the 1st July, 1842, and having at that time subsisting copyright; provided that that copyright belong to the author or his representative, or have been transferred in consideration of natural love and affection; or, in case of any other kind of transfer, there be an agreement between the author or his representative and the actual proprietor to accept the benefits given by the 5 & 6 Vict. c. 45,	Ditto.
Published before the passing of the 5 & 6 Vict. c. 45, the 1st July, 1842, and having at that time subsisting copyright; *in any other case than those above mentioned,*	FOR THE AUTHOR'S LIFE, OR 28 YEARS FROM THE TIME OF FIRST PUBLICATION.
Published by licence of the Privy Council, pursuant	ACCORDING TO THE CONDITIONS OF THE LICENCE.

DÉFINITION DE LA PROPRIÉTÉ.	DURÉE DE LA PROPRIÉTÉ.
de Dublin; ou aux Collèges d'Eton, de Westminster, ou de Winchester,	
En manuscrit,	
Publiés après l'acte des 5e et 6e an. du règ. de *Vict. c.* 45, 1er Juillet, 1842.	PERPÉTUELLE. *S'ils sont publiés pendant la vie de l'auteur,* POUR TOUTE LA VIE DE L'AUTEUR, ET SEPT ANS APRÈS SA MORT; OU 42 ANS À PARTIR DE LA PREMIÈRE PUBLICATION. *S'ils sont publiés après la mort de l'auteur,* 42 ANS À PARTIR DE L'ÉPOQUE DE LA PREMIÈRE PUBLICATION.
Publiés avant la promulgation de l'acte des 5e et 6e an. du règ. de *Vict. c.* 45, du 1er Juillet, 1842. et sur lesquels il y avait à cette époque un droit de propriété existant ; pourvu que ce droit de propriété ait appartenu à l'auteur ou à ses représentants, ou ait été transféré pas affection ; ou dans le cas de tout autre espèce de transfert, si l'auteur et les représentants et le propriétaire sont convenus d'accepter le bénéfice de l'acte des 5e et 6e an. du règ. de *Vict. c.* 45.	MÊME DURÉE.
Publiés avant la promulgation de l'acte des 5e et 6e an. du règ. de *Vict. c.* 45, le 1er Juillet, 1842, et ayant à cette époque un droit propriété existant; *en tout autre cas que ceux ci-dessus mentionnés.*	POUR LA VIE DE L'AUTEUR, OU 28 ANS À PARTIR DE L'ÉPOQUE DE LA PREMIÈRE PUBLICATION.
Publiés avec l'autorisation du Conseil Privé, en conséquence de l'acte des	SELON LES CONDITIONS DE L'AUTORISATION.

B 2

SPECIES OF COPYRIGHT.	TERM OF COPYRIGHT.
to the 5 & 6 Vict. c. 45 s. 5, Articles in Encyclopædias,	*If published in the author's lifetime,* FOR THE AUTHOR'S LIFE, AND 7 YEARS AFTER HIS DEATH; OR 42 YEARS FROM THE TIME OF FIRST PUBLICATION. *If published after the author's death,* 42 YEARS FROM THE TIME OF FIRST PUBLICATION.
Articles in Reviews, and Periodicals, to be published therein,	Ditto; with this proviso, that after 28 years from the time of their first publication in the review or periodical, the author may publish them in a separate form.
II. DRAMATIC PIECES AND MUSICAL COMPOSITIONS, right to the representation or performance of: While in manuscript,	DOUBTFUL AS TO WHETHER PERPETUAL, OR FOR THE SAME TERM AS THOSE PUBLISHED. (See Godson and Burke on copyright, supplement, p. 73.)
When published,	FOR THE AUTHOR'S LIFE, AND 7 YEARS AFTER HIS DEATH; OR 42 YEARS FROM THE TIME OF FIRST REPRESENTATION OR PERFORMANCE.
III. ENGRAVINGS AND PRINTS,	FOR 28 YEARS FROM THE TIME OF FIRST PUBLICATION.
IV. SCULPTURES, MODELS, OR CASTS. *(These may be provisionally registered under the* 13 & 14 *Vict. c.* 104, *s.* 6),	FOR 14 YEARS FROM THE TIME OF FIRST PUBLICATION; AND TO THE AUTHOR, IF HE BE LIVING AT THE END OF THAT PERIOD, 14 YEARS MORE (under the provisional registration, for the whole or part of the same term, at the direction of the Board of Trade).

The following explanatory details will aid in the understanding of the above table :—

ESSENTIAL REQUISITES OF A COPYRIGHT.—It is

Définition de la Propriété.	Durée de la Propriété.
5e et 6e an. du règ. de *Vict. c. 45, s. 5.* Articles dans les Encyclopédies.	*S'ils sont publiés pendant la vie de l'auteur,* POUR LA VIE DE L'AUTEUR, ET 7 ANS APRÈS SA MORT; OU 42 ANS À PARTIR DE L'ÉPOQUE DE LA PREMIÈRE PUBLICATION.
Articles qui doivent être publiés dans les revues et les recueils périodiques.	Même durée; sous la réserve, qu'au bout de 28 ans à partir de l'époque de leur première publication dans la revue ou le recueil périodique, l'auteur peut les publier séparément.
II. PIÈCES DRAMATIQUES ET COMPOSITIONS MUSICALES, (droit de représenter ou d'exécuter les) En manuscrit,	DOUTEUSE-QUANT À LA QUESTION DE SAVOIR SI ELLE EST PERPÉTUELLE OU DE MÊME DURÉE QUE POUR LES OUVRAGES PUBLIÉS. (Voy. Godson et Burke sur les droits des auteurs supplém., p. 73.)
Publiées,	POUR LA VIE DE L'AUTEUR, ET 7 ANS APRÈS SA MORT; OU 42 ANS À PARTIR DU JOUR DE LA PREMIÈRE RÉPRÉSENTATION OU DE LA PREMIÈRE EXÉCUTION.
III. GRAVURES ET ESTAMPES,	POUR 28 ANS À PARTIR DE L'ÉPOQUE DE LA PREMIÈRE PUBLICATION.
IV. SCULPTURES, MODÈLES, OU MOULES. *(Ceux-ci peuvent être provisoirement enregistrés en vertu de l'acte des 13e et 14e an. du règ. Vict. c. 114, s. 6.*	POUR 14 ANS À PARTIR DU JOUR DE LA PREMIÈRE PUBLICATION; ET À L'AUTEUR S'IL EST ENCORE VIVANT À LA FIN DE CETTE PÉRIODE, 14 ANS DE PLUS. Soumis à l'enregistrement provisoire POUR TOUT OU PARTIE DU DIT TERME, à la direction du Ministère du Commerce.

Les explications qui vont suivre aideront à l'intelligence du tableau qui précède.

CONDITIONS ESSENTIELLES DU DROIT DE PROPRIÉTÉ

essential to the existence of a copyright, that the book be not what in law would be termed a piracy upon another. There can be no copyright in any work the tendency of which is obscene, immoral, or libellous. The reason for this is, that there can be no property in what is publicly injurious.

To what Copyright in Engraving extends, and what is requisite to be done to secure it.—By the 8 *G.* 2, *c.* 13, it is enacted, " That every person who shall *invent and design, engrave, etch, or work in mezzotinto, chiaro-oscuro, or, from his own works and inventions, shall cause to be designed and engraved, etched, or worked in mezzotinto or chiaro-oscuro, any historical or other print or prints*, shall have the sole right and liberty of printing and reprinting the same for the term of fourteen years, to commence from *the day of the first publishing thereof, which shall be truly engraved, with the name of the proprietor on each plate, and printed on every such print or prints.*" The property in historical and other prints was by this act vested in engravers, who took from their own designs. By the 7 *G.* 3, *c.* 38, the former statute was extended *to the prints of any portrait, conversation, landscape, or architecture, map, chart, or plan, or any other prints whatsoever, whether they were taken from the artist's own original designs, or from any picture, drawing, model, or sculpture, either ancient or modern;* and the term of enjoying the right was in all cases enlarged from fourteen to twenty-eight years.

LITTERAIRE.—Le droit de propriété ne peut exister sur un livre qu'autant que ce livre n'est pas ce qu'on appelle en justice la contrefaçon d'un autre livre. Il ne peut exister aucun droit de propriété sur un ouvrage obscène, immoral ou diffamatoire. Ceci s'explique par la raison qu'il ne peut y avoir de propriété pour ce qui est publiquement nuisible.

JUSQU'OÙ S'ÉTEND LE DROIT DE PROPRIÉTÉ SUR LES GRAVURES ET CE QU'IL FAUT FAIRE POUR ASSURER CE DROIT.—Par un acte de la 8e an. du règ. de *Geor. II., c.* 13, il est décrété, "Que toute personne qui aura *inventé et dessiné, gravé au burin, à l'eau forte ou à la manière noire, ou qui de ses propres ouvrages et inventions fera dessiner ou graver au burin, à l'eau forte ou à la manière noire, une ou plusieurs gravures historiques ou autres*, aura le droit exclusif d'imprimer ou de réimprimer ces gravures pendant l'espace de quatorze ans à commencer du *jour de la première publication, lequel jour ainsi que le nom du propriétaire seront dûmont gravés sur chaque planche, et cette date et ce nom seront imprimés sur chaque gravure.*" Par cet acte la propriété des gravures historiques et autres, fut conférée aux graveurs, qui gravaient d'après leurs propres dessins. Par l'acte de la 7e an. du règ. de *Geor. III. ch.* 38, le premier statut fut étendu *aux gravures de portraits, de conversations, de paysage, ou d'architecture, de cartes ou de plans, ou aux gravures en général, soit qu'elles fussent faites d'après les dessins originaux de l'artiste, ou d'après un tableau, un dessin, un modèle de sculpture, ancien ou moderne;* et dans tous les cas la jouissance du droit de propriété a été prolongée de quatorze ans à vingt huit ans.

The recent statute, the 15 *Vict. c.* 12 (see the act below), in its 14th section, to remove all doubts upon the subject, declares that the provisions of the said engraving acts are intended to include prints taken by lithography, or any other mechanical process by which prints or impressions of drawings or designs are capable of being multiplied indefinitely.

It should also be observed, that in the recent case of *Bogue* v. *Houlston & Stoneman*, on the 23rd February, 1852, the Vice-Chancellor Parker decided that engravings, although not dated and signed in conformity with the above act of the 8 *Geo.* 2, are protected, if they illustrate and form part of a book registered under the Literary Copyright Act, the 5 & 6 *Vic. c.* 45.

TO WHAT COPYRIGHT IN SCULPTURE EXTENDS, AND WHAT IS REQUISITE TO BE DONE TO SECURE IT.— By the 54 *G.* 3, *c.* 56, (which amended the 38 *G.* 3, *c.* 71,) the sole right and property of *every new and original sculpture, model, copy, or cast of the human figure, or of any bust or any part of the human figure, clothed in drapery or otherwise; or of any animal, or of any part of an animal, combined with the human figure or otherwise; or of any subject being matter of invention in sculpture, or of any alto or basso relievo representing any of the above-mentioned matters; or any cast from nature of the human figure, or part of the human figure, or any subject containing or representing any of the above-mentioned matters and things, whether separate or combined,* is vested in the person

Le statut récent des 15e et 16e an. du règ. de *Vict. ch.* 12, dans sa section 14 (voy. l'acte plus loin), pour ne laisser aucun doute sur le sujet, déclare que les dispositions des dits actes sur les gravures doivent aussi s'entendre des gravures faites par la lithographie ou tout autre procédé mécanique par le moyen duquel les gravures ou impressions de dessins peuvent être reproduites à l'infini.

Il faut encore faire observer que dans le procès récent de *Bogue versus Houlston et Stoneman*, du 23 février 1852, le Vice-Chancelier Parker décida que les gravures bien qu'elles ne fussent point datées ni signées conformément aux stipulations du dit acte de la 8e an. du règ. de *Geor. II.*, sont protégées si elles illustrent et forment partie d'un livre enregistré ainsi que le prescrit l'acte sur la propriété littéraire des 5e et 6e an. du règ. de *Vict. ch.* 45.

JUSQU'OÙ S'ÉTEND LE DROIT DE PROPRIÉTÉ SUR LES MORCEAUX DE SCULPTURE ET CE QU'IL FAUT FAIRE POUR ASSURER CE DROIT. —Par l'acte de la 54e an. du règ. de *Geor. III. ch.* 56 (lequel amende l'acte de la 38e an. de *Geor. III. ch.* 71), le droit exclusif et la propriété de *chaque sculpture nouvelle et originale, modèle, copie, ou moule, de la figure humaine, ou d'un buste ou d'une partie quelconque de la figure humaine, avec ou sans draperies ; ou d'un animal, ou d'une partie quelconque d'un animal, combinée avec la figure humaine ou d'une autre manière, ou d'un sujet quelconque qui constitue une invention en sculpture, ou d'un haut ou bas-relief représentant un des sujets ci-dessus énumérés ; ou d'un moule d'après nature de la figure humaine, ou d'une partie de la figure humaine, ou d'un*

who shall make them, or cause them to be made, for the term of fourteen years from the time of first publication ; *provided that in every case the proprietor, before publication, cause his name, with the date, to be put on every such new and original sculpture, model, copy, or cast, and on every such cast from nature.*

An additional term of fourteen years' copyright, at the expiration of the prior fourteen, is given by the 54 *G.* 3, *c.* 56, *s.* 6, to the person who originally made or caused to be made the sculpture or other matter above mentioned, if he be living at the end of the first term, and have not divested himself of the copyright by sale or otherwise.

COPYRIGHT FROM LAPSE.—To guard against the suppression of books of importance to the public, the fifth section of the 5 & 6 *Vict. c.* 45, enacts, that on complaint made to the Judicial Committee of her Majesty's Privy Council, that the proprietor of a copyright in a book, after the death of the author, refuses to republish it, or to allow its republication, and that consequently the book is withheld from the public, the Judicial Committee may license the complainant to publish the book, in such manner, and according to such conditions, as they may think fit.

REGISTRATION OF LITERARY COPYRIGHT.—The 5 & 6 *Vict. c.* 45, provides for the registration of literary copyright at Stationers' Hall. Pursuant to that statute

*sujet quelconque contenant ou représentant un des objets,
ou sujets ci-dessus mentionnés, soit séparément ou combiné avec d'autres,* est accordé à la personne qui les
fera, ou les fera faire, pour quatorze ans à partir de
l'époque de la première publication ; *pourvu que dans
tous les cas le propriétaire fasse mettre, avant la publication, son nom, et la date, sur chaque sculpture nouvelle
et originale, modèle, copie, ou moule, et sur tous les moules
de cette espèce d'après nature.*

Un terme additionnel de quatorze ans de jouissance
du droit de propriété est accordé, à l'expiration des
premiers quatorze ans, par l'acte de la 54ᵉ an. du règ.
de *Geor. III. ch. 56, s. 6*, à la personne qui a fait ou
fait faire la sculpture ou l'objet ci-dessus mentionné,
si elle vit encore à l'expiration du premier terme et ne
s'est pas dessaisie de son droit de propriété par vente
ou d'une autre manière.

Du Droit de Propriété Littéraire périmé.—
Pour prévenir la suppression de livres d'une importance générale, la 5ᵉ section de l'acte des 5ᵉ et 6ᵉ an. du
règ. de *Vict. c. 45*, stipule que si l'on adresse au
Comité Judiciaire du Conseil Privé une plainte portant que celui à qui appartient la propriété d'un livre,
après la mort de l'auteur, refuse de le réimprimer, ou
de permettre qu'on le publie de nouveau, et qu'en conséquence le livre n'est plus à la portée du public, le
Comité Judiciaire peut accorder au plaignant le droit de
publier le livre, de la manière, et selon les conditions
que le Comité avisera.

Enregistrement du Droit de Propriété Littéraire.—L'acte des 5ᵉ et 6ᵉ an. du règ. de *Vict. c. 45*,
règle les formalités à observer pour l'enregistrement

a book of registry is to be kept at the hall of the Stationers' Company, by an officer appointed by the company, and in it is to be registered the proprietorship in the copyright of books and their assignments; and in dramatic and musical pieces, whether in manuscript or otherwise, and licences affecting such copyright. This book of registry is to be at all convenient times open to the inspection of any person, on payment of one shilling for every entry searched for or inspected in it. The officer of the company, whenever reasonably required, is to give to any person requiring it, on payment of five shillings, a copy of an entry in the book of registry, certified under his hand, and impressed with the stamp of the company provided for the purpose. The 13th section of the statute gives directions for making entry in the book of registry. Pursuant to that section, the proprietor of copyright in any book published before or after the passing of the act may, on payment of five shillings to the company's officer, make an entry in the registry book. The omission to register, it should be observed, does not affect the copyright in a book, but only the right to sue or proceed in respect of the infringement of such copyright, which cannot be done until after registration. Moreover, the omission to register will not even affect the legal remedies which are given by statute to the proprietor of the sole liberty of representing any dramatic piece. No registration is required with regard to copyright in engraving, sculpture, and the fine arts, with this exception :—under the " Designs Act, 1850," the 13 & 14 *Vict. c.* 104, *secs.* 6, 7, extended and more summary remedies will be given for the infringement of copy-

du droit de propriété littéraire à l'Hôtel de la Corporation des Libraires. En conséquence de ce statut un registre doit être tenu à l'Hôtel de la Corporation des Libraires, par un fonctionnaire nommé par la Corporation, et les droits de propriété littéraire sur les livres, ainsi que les transferts, seront inscrits sur le dit registre; et aussi les droits de propriété sur les œuvres dramatiques et musicales, en manuscrit ou autrement, et les licences qui affectent de tels droits de propriété. Ce registre doit être livré, à des heures convenables, à l'inspection du public moyennant un droit d'un shilling pour chaque enregistrement qu'on cherche ou qu'on veut vérifier. Le fonctionnaire de la Corporation, lors qu'il en est raisonnablement requis, doit donner à quiconque la demande, moyennant cinq shillings, une expédition d'un enregistrement du dit registre, certifiée et signée par lui, et timbrée du sceau de la Corporation destiné à cet usage. La 13e section du statut contient des dispositions relatives aux enregistrements sur le registre. D'après la teneur de cette section, il faut faire observer que l'omission de l'enregistrement n'affecte point le droit de propriété sur un livre, mais seulement le droit de se pourvoir ou de poursuivre en justice en raison des infractions du droit de propriété, ce qui ne peut être fait qu'après enregistrement. De plus, l'omission de l'enregistrement n'affecte même pas le recours légal offert par le statut au propriétaire du droit exclusif de représenter des pièces dramatiques. L'enregistrement n'est pas requis pour le droit de propriété sur les gravures, les sculptures, et les œuvres d'art; mais en vertu de l'acte sur les Dessins de l'an 1850, des 13e et 14e an. du règ. de *Vict. c.* 104, *s.* 6, 7,—des

right in sculpture and the fine arts, to those who have registered their productions at the Designs Office.

All this, however, is different with respect to the international copyright under the Convention, for, as it will be seen below, that is made in all cases to depend upon the fact of registration. The charge for an entry in the registry book under the Convention will be one shilling only.

COPIES OF ENTRIES RECEIVABLE IN EVIDENCE.— Pursuant to the 11th sec. of the 5 & 6 *Vict. c.* 45, a copy of an entry in the register book, certified by the officer, and impressed with the stamp of the Stationers' Company, is receivable in evidence in all courts and summary proceedings, and is *primâ facie* proof of the proprietorship or assignment of copyright or license, but subject to be rebutted by other evidence: so in the case of dramatic or musical pieces, such copy is *primâ facie* proof of the right of representation or performance, subject also to be rebutted by other evidence.

POWER OF EXPUNGING AND VARYING ENTRIES.— Pursuant to the 14th section of the 5 & 6 *Vict. c.* 45, if any person feel aggrieved by an entry in the book of registry, he may apply to a superior court of law in term time, or to a judge in vacation, for an order that such entry be expunged or varied: upon such application the court or judge is to make an order for expunging, varying, or confirming the entry, either with or without costs; and on production of an order for ex-

recours plus péremptoires seront donnés contre les infractions à la loi sur la propriété des sculptures et des œuvres d'art, à ceux qui ont fait enregistrer leurs productions au Bureau des Dessins.

Tout ceci, cependant, diffère du droit international resultant de la Convention, car, ainsi qu'on le verra plus bas, l'existence de ce droit dans tous les cas, dépend du fait de l'enregistrement. Les frais d'enregistrement, d'après la Convention, ne s'elèvent qu'à un shilling.

LES EXPÉDITIONS D'ENREGISTREMENT FONT FOI EN JUSTICE.—En vertu de la 11e section de l'acte des 5e et 6e an. du règ. de *Vict. c.* 45, l'expédition d'un enregistrement sur le registre, certifiée par le fonctionnaire et marquée au timbre de la Corporation des Libraires, fait foi devant tous les tribunaux et dans les procédures sommaires, et elle est *prima facie* la preuve de la possession directe ou du transfert du droit de propriété ou de la licence; mais cette expédition peut être repoussée par d'autres preuves; ainsi pour les œuvres dramatiques ou musicales, une telle expédition est *prima facie* la preuve du droit de faire représenter ou exécuter, laquelle expedition peut être aussi repoussée par d'autres preuves.

POUVOIR D'EFFACER OU D'ALTÉRER LES ENREGISTREMENTS.—D'après la 14e section de l'acte des 5e et 6e an. du règ. de *Vict. c.* 45, si quelqu'un se trouve lésé par un enregistrement fait sur le registre de la Corporation des Libraires, il pourra s'adresser à une cour supérieure de justice pendant la session, ou à un juge en fonctions, pendant les vacances, pour obtenir l'ordre de faire effacer ou altérer un tel enregistrement: par suite d'une telle demande, un ordre sera accordé par

punging or varying, the officer of the Stationer's Company is to expunge or vary the entry, according to the requisition of the order.

PENALTY FOR A FALSE ENTRY.—The 12th section of the 5 & 6 *Vict. c.* 45, makes it an indictable misdemeanour, punishable accordingly, for any person to wilfully make, or cause to be made, any false entry in the registry book of the Stationers' Company, or to wilfully produce or cause to be tendered in evidence any paper falsely purporting to be a copy of any entry in the registry book.

REMEDIES AGAINST PIRACY.—Piracy, or infringement of copyright, may be prevented or punished in various ways, as follow:—

INJUNCTION.—An injunction from a Court of Chancery is the mode the most ready and the most usually adopted to stop the infringement of a copyright, and to prevent any injury accruing to the proprietor. The jurisdiction of the Court of Chancery in protecting copyright is founded on this—*that where an action will lie for pirating a work,* then the court, attending to the imperfection of that remedy, grants its injunction to stay any further violation of the proprietor's rights, because there may be publication after publication, which one may never be able to hunt down by proceeding in the other courts.

la cour ou le juge pour effacer, altérer, ou confirmer l'enregistrement, avec ou sans frais, et sur la production d'un ordre pour faire effacer ou altérer un enregistrement, le fonctionnaire de la Corporation des Libraires devra effacer ou altérer cet enregistrement ainsi que l'ordre l'aura prescrit.

Du Faux en Matière d'Enregistrement.—La 12ᵉ section de l'acte des 5ᵉ et 6ᵉ an. du règ. de *Vict. c. 45,* déclare que toute personne qui fait volontairement ou fait faire un faux enregistrement sur le registre de la Corporation des Libraires, ou produit volontairement ou fait produire en justice un document qu'elle veut faire passer pour une expédition du registre, se rend coupable d'un dèlit soumis aux peines en matière criminelle.

Du Recours en Matière de Contrefaçon.—On peut empêcher ou punir de diverses manières, la contrefaçon, ou l'infraction à la loi sur la propriéte littéraire, savoir:—

Par un Arrêt de Sursis.—Un arrêt de sursis émané d'une Cour de la Chancellerie est le mode le plus expéditif, et celui qu'on adopte le plus souvent pour arrêter les infractions à un droit de propriété littéraire, et pour empêcher que le propriétaire ne soit lésé. La jurisdiction de la Cour de la Chancellerie en protégeant le droit de propriété littéraire est fondé sur ceci—*que lorsqu'il y a une action intentée pour empêcher la contrefaçon d'un ouvrage,* alors la cour pour obvier à l'insuffisance de ce recours, accorde son arrêt de sursis, parce que les publications peuvent se succéder sans qu'on puisse jamais parvenir à les supprimer en poursuivant devant les autres tribunaux.

ACTION.—The action at law for piracy will be pursuant to the 5 & 6 *Vict. c.* 45, the 15th section of which enacts, that if any person, in any part of the British dominions, after the passing of this act, shall

1. print, or cause to be printed, either for sale or exportation, any book in which there shall be a subsisting copyright, without the consent in writing of its proprietor;
2. or import for sale or hire any such unlawfully printed book, from parts beyond the sea;
3. or, with a guilty knowledge, sell, publish, or expose to sale or hire, or cause to be sold, published, or exposed to sale or hire, or have in possession for sale or hire, any such book so unlawfully printed or imported, without the consent of the proprietor;

such offender shall be liable to a special action on the case, at the suit of the proprietor of the copyright, to be brought in any court of record in that part of the British dominions where the offence is committed; provided always, that in Scotland such offender shall be liable to an action in the court of Session there, to be brought and prosecuted in the same manner as are other actions of damages there to the like amount.

SUMMARY PROCEEDINGS FOR IMPORTATION, &C., OF PIRATED BOOKS.—The 17th section of the 5 & 6 *Vict. c.* 45, enacts, that after the passing of this act, it shall not be lawful for any person, not the proprietor of the copyright, or some one authorised by him, to import into the United Kingdom, or other parts of the British dominions, for sale or hire, any printed book, first composed

PAR UNE ACTION EN JUSTICE.—L'action en justice est intentée en vertu de l'acte des 5ᵉ et 6ᵉ an. du règ. de *Vict. c.* 45, dont la 15ᵉ section porte que si quelqu'un, dans quelque partie que ce soit des Etats Britanniques, après la promulgation de cet acte,

1. imprime, ou fait imprimer, pour mettre en vente ou pour exporter, un livre sur lequel il existe un droit de propriété, sans le consentement par écrit du propriétaire;

2. ou importe pour le vendre ou le louer un tel livre imprimé illégalement au delà des mers;

3. ou, sciemment, vend, publie, ou expose en vente ou en location, ou fait vendre, publier ou exposer en vente ou en location un tel livre ainsi imprimé ou importé illégalement, sans le consentement du propriétaire;

un tel délinquant s'exposera dans ce cas à ce qu'on lui intente une action spéciale à la requête de celui à qui appartient le droit de propriété littéraire, devant une cour du rang de celles qui ont des greffes dans la partie des Etats Britanniques où le délit aura été commis; mais en Ecosse un tel délinquant s'exposera à une action devant la Cour des Session, qui sera intentée et poursuivie de la même manière que le sont en ce pays les autres actions en dommages-intérêts pour une somme semblable.

POURSUITES SOMMAIRES DANS LE CAS D'IMPORTATION, &c., DE LIVRES CONTREFAITS.—La 17ᵉ section de l'acte des 5ᵉ et 6ᵉ an. du règ. de *Vict.* porte, qu'après la promulgation de cet acte, personne ne pourra, excepté celui à qui appartient le droit de propriété, ou son fondé de pouvoir, importer dans le Royaume Uni, ou dans d'autres parties des Etats

or written, or printed and published, in the United Kingdom, wherein there is copyright, and reprinted in any country or place out of the British dominions; and if any person, not the proprietor or party authorised by him, shall

import or bring, or cause to be imported or brought, for sale or hire, any such printed book into the British dominions, contrary to this act;

or shall knowingly sell, publish, or expose to sale, or let to hire, or have in his possession for sale or hire, any such book;

then, every such book shall be forfeited, and be seized and destroyed by any officer of the customs or excise; and every person so offending shall, on due conviction before two magistrates of the county or place where such book is found, forfeit the sum of ten pounds, and double the value of every copy of such book so unlawfully imported, sold, published, or exposed to sale, or let to hire, or had in possession for sale or hire: five pounds of this penalty are to go to the officer of customs or excise making the seizure, and the remainder to the proprietor of the copyright.

By section 63 of the Customs Regulation Act, the 8 & 9 *Vict. c.* 86, there is an absolute prohibition against importation with regard to "books wherein the copyright shall be subsisting, first composed or written or

Britanniques, pour les mettre en vente ou en location des livres imprimés, originairement composés
ou écrits, imprimés et publiés dans le Royaume Uni,
sur lesquels il existe un droit de propriété, et qui
auraient été réimprimés en quelque pays ou en quelque
endroit que ce soit hors des Etats Britanniques; et si
quelqu'un, autre que le propriétaire ou son fondé de
pouvoir

   importe ou introduit, ou fait importer ou introduire
      pour les mettre en vente ou en location, de tels
      livres imprimés, dans les Etats Britanniques, con-
      trairement aux stipulations de cet acte ;
   ou vend, publie, ou expose en vente, ou loue, ou garde
      en sa possession de tels livres pour les vendre ou
      les louer ;

alors, chaque livre de cette espèce sera confisqué
saisi et détruit par les employés de la douane ou de l'excise; et quiconque se rendant coupable d'un tel délit, en
aura été dûment convaincu devant deux magistrats
du comté ou de l'endroit où un tel livre aura été trouvé,
sera mis à l'amende de dix livres sterling, et du double
de la valeur de chaque exemplaire ainsi illégalement
importé, vendu, publié, ou exposé en vente ou loué,
ou qu'il aurait en sa possession pour le vendre ou le
louer; cinq livres sterling de cette amende reviendront
à l'employè des douanes ou de l'excise qui aura opéré
la saisie, et le reste sera alloué à celui à qui appar-
tiendra le droit de propriété.

Par la section 63 de l'Acte de Réglement des
Douanes, des 8ᵉ et 9ᵉ an. du règ. de *Vict. c.* 86, il est
formellement défendu d' importer " des livres dont le
droit de propriété subsiste, et qui ont été originaire-

printed in the United Kingdom, and printed or reprinted in any other country, as to which the proprietor of such copyright or his agent shall have given to
the Commissioners of Customs a notice in writing
that such copyright subsists, such notice also stating
when such copyright will expire."

All actions, suits, bills, indictments, or informations
for any offence committed against the Copyright
Amendment Act, the 5 & 6 *Vict. c.* 45 (except with
regard to the delivery of copies to the British Museum
and certain other libraries), must, pursuant to section
26 of that statute, be commenced within twelve months
after the commission of the offence.

RIGHT OF THE PARTY INJURED TO THE PIRATED
COPIES.—Pursuant to the 23d section of the 5 & 6
Vict. c. 45, all copies of any book having copyright,
unlawfully printed or imported, without the previous
written consent of the registered proprietor of the
copyright, shall be deemed the property of such registered proprietor; and after demand in writing he will
be entitled to sue for and recover such printed copies,
or damages for their detention, in an action of detinue
from any party detaining them, or to sue for and
recover damages for their conversion in an action of
trover.

ment composés ou écrits ou imprimés dans le Royaume Uni, et imprimés ou réimprimés dans tout autre pays, et desquels celui qui possède le droit de propriété ou son fondé de pouvoir, aura donné aux Commissaires des Douanes une déclaration écrite portant qu'un tel droit de propriété existe, et mentionnant en même temps à quelle époque il doit expirer.

Toutes les actions, requêtes, demandes, ou informations en raison de contravention à l'acte des 5ᵉ et 6ᵉ an. du règ. de *Vict. ch.* 45, excepté en ce qui concerne le dépot d'exemplaires au Musée Britannique età certaines autres bibliothèques, doivent, d'après les termes de la section 26 de ce statut, être commencées dans les douze mois qui suivront la perpétration de l'offence.

DROIT DES PARTIES LÉSÉES AUX EXEMPLAIRES D'OUVRAGES CONTREFAITS.—D'après la section 23 de l'acte des 5ᵉ et 6ᵉ an. du règ. de *Vict. ch.* 45, tous les exemplaires d'ouvrages affectés d'un droit de propriété littéraire et portés au registre, qui ont été illégalement imprimés, et importés, sans le consentement préalable par écrit de celui qui est inscrit au registre en qualité de possesseur du droit de propriété littéraire, seront considérés comme appartenant au tel propriétaire inscrit ; et après en avoir fait la demande par écrit, il aura le droit de poursuivre en justice pour recouvrer de tels exemplaires, ou des dommages-intérets pour leur détention, par une action pour indue détention, contre quiconque les aurait en sa possession, ou d'actionner en justice et d'obtenir des dommages-intérêts en convertissant les poursuites en une action en restitution d'objets trouvés.

ACTION FOR PIRACY OF DRAMATIC OR MUSICAL COPYRIGHT.—The 21st section of the 5 & 6 *Vict. c.* 45, gives to the proprietors of the right of dramatic or musical representation or performance, during the term of their interest, all the remedies provided by the 3 & 4 *W.* 4, *c.* 15; and to that latter statute, therefore, one must look for the penalties against piracy. By the 3 & 4 *W.* 4, *c.* 15, *s.* 2, it is enacted, that if any person, during the continuance of the exclusive right of representing a dramatic piece, cause to be represented, without the author's or proprietor's previous written consent, such production at any place of dramatic entertainment within the British dominions, every such offender shall, for each representation, be liable to the payment of not less than 40s., or of the full amount of the advantage arising from the representation, or of the loss sustained by the plaintiff, whichever shall be the greater damage. These penalties are recoverable by the author or proprietor, together with double costs of suit in any court having jurisdiction in such cases, in that part of the British dominions where the offence is committed.

The 3d section of the 3 & 4 *W.* 4, *c.* 15, provides that all actions or proceedings for any offence or injury against that act shall be commenced within twelve calendar months from the committing of the offence, or else the same shall be void and of no effect.

REMEDIES FOR PIRACY OF ENGRAVINGS COPY-

ACTION EN JUSTICE DANS LE CAS DE CONTREFAÇON D'ŒUVRES DRAMATIQUES OU MUSICALES AFFECTÉES D'UN DROIT DE PROPRIÉTÉ.—La section 21 de l'acte des 5e et 6e an. du règ. de *Vict. ch.* 45, donne aux propriétaires du droit de faire représenter ou exécuter les œuvres dramatiques ou musicales, pendant la durée de ce droit, tous les recours que met à leur disposition l'acte des 3e et 4e an. du règ. de *Guill. IV. ch.* 15; et c'est dans ce statut qu'il faut chercher les peines dont sont frappés les contrefacteurs. L'acte des 3e et 4e an. du règ. de *Guill. IV. ch.* 15, *s.* 2, porte que si quelqu'un, pendant la durée du droit exclusif de représenter un ouvrage dramatique, fait représenter, sans l'autorisation écrite de l'auteur ou du propriétaire, une telle production dans une salle de spectacle dans l'étendue des Etats Britanniques, un tel délinquant paiera pour chaque représentation, une amende qui ne sera pas au-dessous de 40 shillings, ou de tout le montant du produit de la représentation, ou de la perte causée au demandeur, c'est à dire une amende proportionnée à la plus grande perte éprouvée. Ces amendes peuvent être obtenues par l'auteur ou le propriétaire, avec les frais doubles du procès devant une cour dans le ressort de laquelle se jugent de telles causes, dans la partie des Etats Britanniques où le délit aura été commis.

La section 3 de l'acte des 3e et 4e an. du règ. de *Guill. IV. ch.* 15, porte que toutes les actions en justice ou les procédures en raison de délits d'infractions à cet acte, seront commencées dans les douze mois qui suivront la perpétration du délit, autrement elles seront nulles et sans effet.

DES RECOURS EN MATIÈRE DE CONTREFAÇON DE

RIGHT.—By the 8 *G.* 2, *c.* 13, any person pirating a print or engraving is made liable to forfeit the plate on which such print shall be copied, and every sheet whereon such print shall be copied or printed, to the proprietor of the original, who is forthwith to destroy the same; and the offender is further to forfeit five shillings for every print found in his custody, one moiety to the king, and the other to any person who shall sue for the same. And by the 17 *G.* 3, *c.* 57, extended to Ireland by the 6 & 7 *W.* 4, *c.* 59, persons pirating such prints are made liable to an action on the case for damages at the suit of the proprietor, together with double costs of suit.

To enable a party to sue in case of this piracy, the day of publication and the name of the proprietor must be duly engraved, according to the act, on each plate and print. But as to engravings in books, see the above-mentioned case of *Bogue* v. *Houlston and Stoneman.*

REMEDIES FOR PIRACY OF SCULPTURE AND FINE ARTS COPYRIGHT.—The 3d section of the 54 *G.* 3, *c.* 56, enacts, that if any person shall, within such term of fourteen years, (the term of copyright), make or import, or cause to be made or imported, exposed to sale, or otherwise disposed of, a pirated copy or pirated cast of any original sculpture or other matter above mentioned, whether such pirated

GRAVURES.—L'acte de la 8ᵉ an. du règ. de *Geor. II.*
ch. 13, porte que celui qui contrefera une gravure s'exposera à faire saisir la planche sur laquelle la dite gravure aura été copiée, et chaque feuille sur laquelle une
telle gravure sera copiée ou imprimée, par le propriétaire
de l'original, qui devra les détruire immédiatement;
et le délinquant aura de plus à payer une amende de cinq
shillings pour chaque gravure trouvée en sa possession,
dont la moitié reviendra au roi, et l'autre moitié à celui
qui exercera les poursuites. Et par l'acte de la 17ᵉ
an. du reg. de *Geor. III. ch.* 57, qui s'étend á l'Irlande
par l'acte des 6ᵉ et 7ᵉ an. du règ. de *Guill. IV. ch.*
59, il a eté decrété que ceux qui contreferaient de
telles gravures s'exposeraient à être poursuivis pour
dommages-intérêts à la requête du propriétaire, et à
payer les double frais du procès.

Pour donner à quelqu'un les moyens de poursuivre
dans un cas de contrefaçon de cette espèce, il faut que
le jour de la publication et le nom du propriétaire
soient bien et dument gravés, d'après les termes de
l'acte, sur chaque planche et sur chaque gravure.
Quant aux gravures des livres voir le procès mentionné plus haut de *Bogue versus Houlston et Stone-*
man.

DES RECOURS EN MATIÈRE DE CONTREFAÇON DES MOR-
CEAUX DE SCULPTURE ET AUTRES ŒUVRES D'ART.—
La 3ᵉ section de l'acte de la 54ᵉ an. du règ. de *Geor.*
III.ch. 56, porte, que si quelqu'un se permet, pendant les
14 ans de durée du droit de propriété, de faire ou d'importer, ou de faire faire ou de faire importer, exposer
en vente, ou de tout autre manière disposer d'une copie
contrefaite, ou d'un moule contrefait d'une sculpture

c 2

copy or cast be produced by moulding, copying, or other means of imitation, to the detriment, damage, or loss of the proprietor, then such proprietor or his assignee may, by special action on the case, recover against a person so offending such damages as a jury may assess at the time, together with double costs of suit.   This action must be brought within six calendar months after the discovery of the offence.   By the "Designs Act, 1850," the 13 & 14 *Vict.* 104, *secs.* 6, 7, a further protection—that of a penalty from £5 to £30, to be recovered either by action or summarily before two magistrates—is given to sculpture copyright, on condition of registration at the designs office, and the sculptured article bearing the word "registered," and the date of registration upon it.   This action, or other proceeding under the Designs Act, must be brought within twelve months from the commission of the offence.

LECTURES.—The 5 & 6 *W.* 4, *c.* 65, (an act for preventing the publication of lectures without consent), gives, under certain formalities and restrictions, to the author, or his assignee, of lectures to be delivered in any school, seminary, institution, or other place, the sole right of publishing them; and enacts that every person who obtains, by taking down in shorthand, or through any other means, a copy of the lectures, and publishes

originale, ou de tout autre sujet ci-dessus mentionné, soit que cette copie contrefaite ou ce moule aient été moulés, copiés, ou produits par d'autres moyens d'imitation, aux détriment, dommage, et perte du propriétaire; alors le dit propriétaire ou son ayant-cause, peut, par une action spéciale, obtenir de la personne qui se sera rendue coupable d'un tel délit, tels dommages-intérêts qu'un jury jugera à propos d'accorder dans ce moment-là, et ensemble les doubles frais du procès. Cette action doit être intentée dans les six mois qui suivront la découverte du délit. L'acte sur les dessins de l'an 1850, acte des 13ᵉ et 14ᵉ an. du règ. de *Vict. ch.* 104, *secs.* 6 et 7, dit qu'une protection plus étendue—qui consiste en une amende qui peut varier de cinq livres sterling à trente livres qu'on peut obtenir en intentant une action, ou par procèdure sommaire devant deux magistrats—est accordée au droit de propriété des œuvres de sculpture, sous la condition que le morceau de sculpture aura été enregistré au bureau des dessins, et qu'il portera le mot " enregistré" ainsi que la date de l'enregistrement. Cette action, ou d'autres poursuites faites en vertu de l'acte sur les dessins, doivent être intentées dans les douze mois qui suivront la perpétration du délit.

COURS, LEÇONS, CONFÈRENCES, INSTRUCTIONS, &c. (en Anglais, *Lectures*).—L'acte des 5ᵉ et 6ᵉ an. du reg. de *Guill. IV. ch.* 65 (qui défend de publier des *lectures* sans autorisation), donne, sous certaines formalités et restrictions, à l'auteur, ou à son ayant-cause, le droit exclusif de publier les *lectures* qui doivent être faites dans les écoles, les pensions, les institutions, ou dans d'autres lieux; et porte, que toute personne qui obtient,

them without leave of the author or his assignee, and every person who knowingly sells or offers for sale lectures so unlawfully published, shall forfeit the illegal copies of the lectures, together with one penny for every sheet of them found in his custody, one moiety to the crown, and the other moiety to the party suing for it.

COPYRIGHT PERSONALITY.—The 5 & 6 *Vict. c.* 45, *s.* 25, makes all copyright personal property transmissible by bequest; or, in case of intestacy, subject to the same law of distribution as other personal property; and in Scotland it makes it personal and moveable estate.

ASSIGNMENT. — An assignment of copyright, or licence to use it, must be in writing. Pursuant to the 13th section of the 5 & 6 *Vict. c.* 45, the proprietor of a registered copyright may, by an entry in the book of registry, assign his interest, or any portion of his interest, in such copyright, in a manner as valid, without being subject to stamp or duty, as if that assignment had been made by deed. The 22d section of the 5 & 6 *Vict. c.* 45, enacts that no assignment of the copyright of a book consisting of, or containing a dramatic piece, or musical composition, shall convey to the assignee the right of representation or performance, unless an entry of the assignment be made in the registry book, expressing the intention of the parties that

par le moyen de la sténographie, ou par tout autre, une copie des *lectures*, et les publie sans la permission de l'auteur ou de son mandataire, et toute personne qui sciemment vend ou expose en vente des *lectures* ainsi illégalement publiées, s'expose à voir confisquer les exemplaires illicites des *lectures*, et paiera de plus une amende d'un penny (deux sous) pour chaque feuille des *lectures* qui seront trouvées en sa possession, laquelle amende sera divisée par moitié entre la couronne et la partie qui aura fait les poursuites.

LES DROITS D'AUTEUR SONT EFFETS MOBILIERS.— L'acte des 5e et 6e an. du règ. de *Vict. ch.* 45, *s.* 25, dit que tous les droits d'auteur constituent des biens meubles transmissible par legs; ou que si celui qui les possède meurt intestat, ces droits sont sujets aux mêmes lois de distribution que les autres biens meubles; et qu'en Ecosse ils deviennent aussi effets mobiliers.

CESSION.—La cession des droits d'auteur, ou la permission d'en user, doit être faite par écrit. En vertu de la 13e sec. de l'acte des 5e et 6e an. du règ. de *Vict. ch.* 45, celui qui possède des droits d'auteur enregistrés, peut par un enregistrement sur le registre, céder ses droits en tout ou partie, dans une telle propriété, d'une manière aussi valide, et sans frais de timbre et de droits, que si la cession eut été faite par contrat. La 23e section de l'acte des 5e et 6e an. du règ. de *Vict. ch.* 45, porte qu'aucune cession des droits de propriété littéraire sur un livre qui se compose d'œuvres dramatiques ou musicales, ou en contient quelques unes, ne conférera au cessionnaire le droit de représenter ou de faire exécuter, à moins que l'enregistre-

such right should pass by the assignment. It would
seem, from the 54 *Geo.* 3, *c.* 56, *s.* 4, that the assignment or transfer of copyright in sculpture, and in the
other matters protected by section 1 of that act (see
above) must be made by a deed signed in the presence
of, and attested by, two or more credible witnesses.

ment de la cession sur le registre, n'exprime formellement que l'intention des parties était qu'un tel droit fut
acquis en conséquence de la cession. Il semblerait
résulter de l'acte de la 54ᵉ an. du règ. de *Geo. III. ch.*
56, *s.* 4, que la cession ou le transfert des droits
d'auteur sur les morceaux de sculpture et autres objets
protégés par la première section de cet acte (voy. plus
haut), doivent être faits par contrat scellé et signé et
attesté par deux ou plusieurs témoins dignes de foi.

CHAPTER II.

THE French copyright to which the international convention extends, consists of the following:—

LITERARY COPYRIGHT, which depends on the law of the 19th July, 1793 (the year II. of the Republic);—on the Imperial decrees of the 22d and the 28th March, 1805 (the year XIII.);—on the Imperial decree of the 5th February, 1810, title VI.;—and on the penal code, articles 425, 426, 427, 428, 429.

DRAMATIC AND MUSICAL COPYRIGHT;—that is, the exclusive right of representation or performance, which depends on the law of the 19th January, 1791, and the law of the 6th August of the same year;—on the Imperial decree of the 8th June, 1806, together with the published advice relative thereto of the Council of State of the 23d August, 1811;—on the law of the 3d August, 1844;—and on the penal code, article 428.

COPYRIGHT IN PAINTING, DRAWING, AND ENGRAVING, which is constituted by the law of the 19th July, 1793 (the year II.), articles 1, 3, 7, and by the penal code, articles 425, 427.

SCULPTURE COPYRIGHT, which is constituted by the

CHAPITRE II.

LA loi française sur les droits de propriété sur les œuvres de littérature et d'art se divise ainsi qu'il suit:—

DROITS DE PROPRIÉTÉ SUR LES OUVRAGES LITTÉRAIRES, basés sur la loi du 19 Juillet, 1793 (l'an II. de la République); les décrets impériaux des 22 et 23 Mars 1805 (l'an. XIII.); le décret impérial du 3ᵉ Février, 1819, titre 6ᵉ; et sur le code pénal, articles 425, 426, 427, 428, 429.

DROITS DE PROPRIÉTÉ SUR LES ŒUVRES DRAMATIQUES ET MUSICALES, c'est à dire droits exclusifs de représenter ou exécuter, qui sont basés sur la loi du 19 Janvier, 1791, la loi du 6 Août de la même année, le décret impérial du 8 Juin, 1806, avec l'avis publié du Conseil d'Etat relatif à cette propriété, du 23 Août, 1811; la loi du 3 Août, 1844; et le code pénal, article 428.

DROITS DE PROPRIÉTÉ SUR LES PEINTURES, LES DESSINS, ET LES GRAVURES, qui ont été réglés par la loi du 19 Juillet, 1793 (l'an II.), articles, 1, 3, 7; et par le code pénal, articles 425, 427.

DROITS DE PROPRIÉTÉ SUR LES MORCEAUX DE SCULPTURE, qui ont été réglés par la loi du 19 Juillet,

law of the 19th July, 1793 (the year II.), article 7, and the penal code, article 427.

The following is a tabular view of the nature and different terms of these copyrights:—

NATURE OF COPYRIGHT.	TERM OF COPYRIGHT.
WRITINGS of all kinds, *i. e.* books or any description of literary production whatsoever:	FOR THE LIFE OF THE AUTHOR, and, if the matrimonial arrangements give her the right, FOR THE LIFE OF HIS WIDOW, AND AN ADDITIONAL TWENTY YEARS AFTER THEIR DEATHS, FOR THEIR CHILDREN: if the author and his wife leave no children, then for AN ADDITIONAL TEN YEARS AFTER THEIR DEATHS, FOR THEIR OTHER HEIRS, OR THEIR ASSIGNS. The widower of a female author has the copyright FOR HIS LIFE also.
DRAMATIC AND MUSICAL COPYRIGHT, which gives to proprietor the right of representing or performing all species of dramatic and musical pieces whatsoever:	FOR THE LIFE OF THE AUTHOR, AND FOR FIVE YEARS AFTER HIS DEATH, FOR HIS HEIRS OR ASSIGNS. In case, however, he leaves a widow or children, they will have, FOR TWENTY YEARS AFTER HIS DEATH, the right of authorising the representation.
COPYRIGHT IN PAINTING, DRAWING, AND ENGRAVING ;	FOR THE LIFE OF THE AUTHOR, AND FOR TEN YEARS AFTER HIS DEATH, FOR HIS HEIRS OR ASSIGNS.
SCULPTURE COPYRIGHT :	FOR THE LIFE OF THE AUTHOR, AND FOR TEN YEARS AFTER HIS DEATH, FOR HIS HEIRS OR ASSIGNS.

The following observations are given as explanatory of the above:—

WHAT IS REQUISITE TO SECURE FRENCH COPYRIGHT.—The copyright of a work in France arises on

1793 (an II.), article 7, et par le code pénal, article 427.

Le tableau suivant montre la nature et les différentes durées de ces propriétés:—

NATURE DE LA PROPRIÉTÉ.	DUREE DE LA PROPRIÉTÉ.
ECRITS de tout genre, *c. a. d.* livres ou toute espèce de production littéraire :	POUR LA VIE DE L'AUTEUR, et si les conventions matrimoniales lui en donnent le droit, POUR LA VIE DE SA VEUVE, ET UN NOUVEAU TERME DE VINGT ANS APRÈS LEUR MORT POUR LEURS ENFANTS : si l'auteur et sa femme ne laissent point d'enfants alors, POUR UN NOUVEAU TERME DE DIX ANS APRÈS LEUR MORT POUR LEURS AUTRES HÉRITIERS OU LEURS AYANTS-CAUSE. Le veuf d'une femme auteur jouit des droits d'auteur aussi PENDANT SA VIE.
DROITS DE PROPRIÉTÉ SUR LES ŒUVRES DRAMATIQUES ET MUSICALES, qui donnent le droit de représenter ou exécuter toutes sortes d'œuvres dramatiques et musicales :	POUR LA VIE DE L'AUTEUR, ET POUR CINQ ANS APRÈS SA MORT, POUR SES HÉRITIERS OU AYANTS-CAUSE; cependant dans le cas, où il laisserait une veuve, ou des enfans, ils auront PENDANT VINGT ANS APRÈS SA MORT, le droit d'autoriser la représentation.
DROITS DE PROPRIÉTÉ SUR LES PEINTURES, LES DESSINS, ET LES GRAVURES :	POUR LA VIE DE L'AUTEUR, ET POUR DIX ANS APRÈS SA MORT, POUR SES HÉRITIERS OU AYANTS-CAUSE.
DROITS DE PROPRIÉTÉ SUR LES SCULPTURES:	POUR LA VIE DE L'AUTEUR, ET POUR DIX ANS APRÈS SA MORT, POUR SES HÉRITIERS OU AYANTS-CAUSE.

Les observations suivantes serviront d'explication à ce qui précède:—

CE QU'IL FAUT FAIRE POUR ASSURER EN FRANCE LES DROITS DE PROPRIÉTÉ SUR LES ŒUVRES LITTÉRAIRES

publication, performance, or representation, as the case
may be, without any previous registration or formality
whatsoever; but to secure for the copyright the protection of the law, it is necessary that there should be
a deposit of two copies of the work—one at the Bibliothèque, and the other at the office of the Minister of the
Interior, Paris, whenever such deposit is possible.   In
some instances, as in those of dramatic productions performed, but not published, or pieces of sculpture
carved by the hand, a deposit could not be contem-
plated, and therefore the law will not require it.   As
with registration in England, the act of deposit, in all
cases possible, must be effected before any proceedings
at law can be taken by the injured party; but the
French law differs with that of England in one respect.
Piracy in France being not only a private detriment,
but also, as will be presently seen, a public wrong,
may, on the latter score, without previous deposit, be
prosecuted by the law officers of the state, or at the
instigation of the proprietor of the copyright.   It should
be further observed, that for the very existence of copyright, under the International Convention a registration
at the Ministry of the Interior is absolutely necessary.
This registration appears, according to the mode now
pursued in Paris, to be one arising upon the deposit.

According to the law of France, a French subject
does not injure his copyright by publishing his work
first in a foreign country.   It matters not where that

ET D'ART.—En France la propriété d'un ouvrage se constitue par la publication, l'exécution, ou la représentation, selon le cas, sans enregistrement préalable et sans aucune espèce de formalité; mais pour assurer à la propriété la protection de la loi, il est nécessaire qu'on dépose deux exemplaires de l'ouvrage—l'un à la Bibliothèque; et l'autre au bureau du Ministre de l'Intérieur, à Paris, toutes les fois qu'un tel dépot est possible. Dans quelques cas, par exemple pour les productions dramatiques, jouées, mais non publiées, ou pour les morceaux de sculpture ciselés à la main, on ne pourrait en exiger le dépôt; aussi la loi n'y oblige-t-elle pas. De même que l'enregistrement en Angleterre, l'acte de dépot, dans tous les cas possibles, doit être effectué avant que la partie lésée puisse commencer des poursuites en justice; mais la loi Française diffère de la loi Anglaise en ce sens que la contrefaçon en France étant non seulement un dommage envers un particulier, mais aussi, comme on le verra plus loin, un délit qui blesse l'ordre public, peut aussi, en cette dernière qualification, sans qu'il y ait eu dépot préalable, être poursuivie par le ministère public, ou á la requète de celui qui possède les droits de propriété sur l'ouvrage. Il faut encore faire observer que pour l'existence même du droit de propriété, d'après la Convention Internationale, l'enregistrement au Ministère de l'Intérieur est de toute nécessité. Cet enregistrement, d'après la formalité maintenant en usage à Paris, résulte simplement du dépôt.

D'après la loi française, un français ne porte point atteinte à ses droits d'auteur en publiant d'abord son ouvrage en pays étranger. Peu importe où la

publication has taken place, the copyright forthwith accrues in France, and on the necessary deposit being effected, its infringement may be proceeded against in the French courts.   Moreover, a foreigner publishing in France will enjoy the same copyright as a native, and this whether he has previously published in his own or any other country or not.

ASSIGNMENT.—The assignment of a copyright in France should be made in writing.

UNPUBLISHED WORKS, LECTURES.—These, and productions of a similar nature, are, pursuant to French law, the exclusive property of their authors, and it will be piracy in any other party, without the author's leave, to print or publish them.

PUBLIC LIBRARIES.—Manuscripts and unpublished works in public libraries in France, belong to the state, and cannot be published by private individuals without leave.

REMEDIES AGAINST PIRACY, or INVASION OF FRENCH COPYRIGHT.—In France there is a double redress afforded for the invasion of an author's rights—the one by a criminal, the other by a civil process.   To begin with the former.

By the French penal code, piracy is declared a " delit," or offence, which, as nearly as possible, answers to what is a misdemeanor in the English law,

publication a eu lieu; le droit de propriété de l'ouvrage s'établit immédiatement en France, et après que le dépôt necessaire a été fait, toute atteinte à ce droit peut étre poursuivie devant les tribunaux Français. De plus, si un étranger publie un ouvrage en France il jouira des mémes droits de propriété qu'aurait eus un Français, et cela indépendemment de la publication ou de la non-publication de l'ouvrage dans un autre pays.

CESSION.—En France la cession des droits d'auteur doit se faire par écrit.

OUVRAGES NON PUBLIÉS, COURS, LEÇONS, CONFÉRENCES, INSTRUCTIONS, &c., (en Anglais, *Lectures*).—Les productions de cette nature, sont, aux termes de la loi Française, la propriété exclusive de leurs auteurs, et quiconque sans leur permission se permettrait de les imprimer ou de les publier, se rendrait coupable du délit de contrefaçon.

BIBLIOTHÈQUES PUBLIQUES.—En France les manuscrits et les ouvrages non-publiés qui sont dans les bibliothèques publiques appartiennent à l'état, et ne peuvent être publiés par de simples individus, sans autorisation préalable.

RECOURS EN CAS DE CONTREFAÇON, OU ATTEINTES PORTÉES AUX DROITS DES AUTEURS EN FRANCE.—En France il y a deux moyens de réparation contre les atteintes portées aux droits d'un auteur—le procès criminel, ou l'action civile. Commençons par le premier.

D'après le code pénal, la contrefaçon est déclarée un "délit," ou offense, ce qui correspond à peu près à ce que la loi Anglaise qualifie de *misdemeanor*, avec

with this exception, that the party injured can not only cause the offender to be punished, but can, at the same time, obtain reparation for himself.

The following are the articles of the French penal code relative to the subject :—

" Article 425. Every publication of writings, musical composition, drawing, painting, or any other production, printed or engraved, in whole or in part, in contempt of the laws and regulations relative to copyright, is a piracy; and every piracy is an offence.

" Article 426. The utterance* of pirated works, the introduction into the French territory of works which, after being printed in France, have been pirated abroad, are an offence of the same kind (as piracy).

" Article 427. The penalty against the pirate or the introducer will be a fine of one hundred francs at the least, and of two thousand francs at the most; and

---

* Utterance appears to be the nearest word which answers to the French term *débit*. The offence in French law of uttering a pirated work is about the same as what is described in the English copyright statute, the 5 & 6 *Vic. c.* 45, *s.* 15, to be selling, publishing, or exposing to sale or hire, or causing to be sold, published, or exposed to hire, any pirated copy of a work, without the proprietor's consent, and with the knowledge that such copy has been unlawfully made or imported. Moreover, by a decree of the 28th November, 1835, the Royal Court of Amiens decided, on appeal from the correctional tribunal of Beauvais, that the party to whom the pirated copies are sent, by his direction, and who purposes, when he gets them, to sell or distribute them, is to be regarded as an utterer, even before the copies have reached him.

cette différence, que la partie lésée, peut non seulement faire punir le délinquant, mais encore peut obtenir elle-meme réparation.

Voici les articles du code pénal Français relatifs à ce sujet:—

Article 425. Toute édition d'écrits, de composition musicale, de dessin, de peinture, ou de toute autre production, imprimée ou gravée, en entier ou en partie, au mépris des lois et réglemens relatifs à la propriété des auteurs, est une contrefaçon; et toute contrefaçon est un délit.

Article 426. Le débit* d'ouvrages contrefaits, l'introduction sur le territoire Français d'ouvrages qui, après avoir été imprimés en France, ont été contrefaits chez l'étranger sont un délit de la même espèce (que la contrefaçon.)

Article 427. La peine contre le contrefacteur, ou contre l'introducteur, sera une amende de cent francs au moins, et de deux mille francs au plus; et contre le

---

* *Utterance* est le mot qui parait se rapprocher le plus du terme Français *débit*. Dans la loi Française le délit de débiter un ouvrage contrefait est à peu près semblable, d'après le statut Anglais sur les droits de la propriété des auteurs, (des 5ᵉ et 6ᵉ an. du règ. de *Vict. c.* 45, *s.* 15), au délit Anglais de vendre, de publier, ou d'exposer en vente ou en location, les exemplaires contrefaits d'un ouvrage, sans le consentement de l'auteur, et lors qu'on sait pertinemment que de tels exemplaires ont été faits et importés illégalement. De plus, par un decret du 28 Novembre 1835, la Cour Royale d'Amiens a décidé, sur l'appel du tribunal correctionel de Beauvais, que celui à qui l'on adresse les exemplaires contrefaits, et dont le but, est de les vendre et de les distribuer, lorsqu'il les reçoit, doit être considéré comme débitant, avant même que les exemplaires ne lui soient parvenus.

D

against the utterer, a fine of twenty-five francs at the least, and of five hundred francs at the most. The confiscation of the pirated edition will be pronounced as well against the pirate as against the introducer and the utterer. The plates, moulds, or matrices of the pirated works, will be also confiscated.

Article 428. Every director, every proprietor of a theatre, every association of artists, who shall have caused to be represented on his or their stage dramatic works in contempt of the laws and regulations relative to copyright; will be punished by a fine of fifty francs at the least, of five hundred francs at the most, and the confiscation of the receipts.

" Article 429. In the cases provided for by the four preceding articles, the produce of the confiscations on confiscated receipts will be remitted to the proprietor to indemnify him so far for the injury that he has suffered; the surplus of his indemnity, or the whole indemnity, if there has been no sale of the objects confiscated, nor seizure of the receipts, will be regulated by the ordinary means."

When this criminal offence of piracy or of utterance has been committed, the prosecution, as offence, exclusively belongs to the public law officer of the state, whose functions may be set in motion either of his own accord, or at the instigation of the aggrieved party. At the trial of this prosecution, however, the injured party, instead of applying to a civil court for redress, may, concurrently with the public prosecutor, sue before the criminal tribunal for the reparation granted him by the penal code, and for any further damages which that reparation will not cover. In fact, as far as

débitant, une amende de vingt-cinq francs au moins, et de cinq cents francs au plus. La confiscation de l'édition contrefaite sera prononcée tant contre le contrefacteur que contre l'introducteur et le debitant. Les planches, moules ou matrices des objets contrefaits seront aussi confisqués.

Article 428. Tout directeur, tout entrepreneur de spectacle, toute association d'artistes qui aura fait représenter sur son théâtre des ouvrages dramatiques, au mépris des lois et réglemens relatifs à la propriété des auteurs, sera puni d'une amende de cinquante francs au moins, de cinq cents francs au plus, et de la confiscations des recettes.

Article 429. Dans les cas prévus par les quatre articles précédens, le produit des confiscations, et les recettes confisquées, seront remis au propriétaire pour l'indemniser d'autant du préjudice qu'il aura souffert; le surplus de son indemnité, ou l'entière indemnité, s'il n'y a eu ni vente d'objets confisqués, ni saisie de recettes, sera réglé par les voies ordinaires.

Lorsque le délit de contrefaçon ou de débit d'ouvrages contrefaits a été commis, les poursuites comme délit appartiennent au procureur-général qui peut agir de son propre mouvement, ou à la requête de la partie lésée. Cependant la partie lésée, au lieu de s'adresser à un tribunal civil, peut, directement ou de concert avec le procureur-géneral, intenter son action devant le tribunal criminel pour obtenir la réparation qui lui est accordée par le code pénal, et en outre les dommages-intérêts pour le préjudice causé que cette réparation ne compenserait pas. En effet, quant à la

his own redress is concerned, he has a right to that, irrespective of the pains and penalties sought by the public prosecutor; and he may either bring his demand jointly with the public prosecution, or he may refer it to a civil tribunal.

Besides the redress thus given him by the penal code, the plaintiff has, pursuant to article 3 of the law of the 19th July, 1793 (year II), a right to make a previous summary seizure, through a peace officer, of all the pirated copies that can be found, which will have to abide the event of the trial, and will be remitted to the plaintiff, if the offence be established.

Before the criminal tribunal, the redress of the party injured, on the establishment of the penal offence, will be the delivery to him of the seized copies where a seizure has been made, also payment of the produce of the confiscations provided for by the code, and such further damages and costs as will fully make good the wrong he has sustained. With the fine the plaintiff has nothing to do—that will go to the state. If there be no civil action, but a mere criminal prosecution by the public officer, the confiscated objects will be destroyed.

Should the plaintiff prefer to bring his action before a civil tribunal, he will there, if successful, obtain a delivery of the seized copies, and such further damages and costs as he may have sustained.

It should also be observed, that in all injuries sustained by an infraction of the copyright law, which do not amount to the actual piracy or utterance declared to be penal offences, the only tribunal for the plaintiff

réparation qui lui est due, le plaignant a droit de la demander indépendemment des peines et amendes requises par le ministère public, et il peut intervenir dans l'action publique ou porter son action devant un tribunal civil.

Outre la réparation qui lui est ainsi accordée par le code pénal, le plaignant a, d'après l'article 3 de la loi du 19 Juillet, 1793 (an. II.), le droit de faire une saisie préalable, par le ministère d'un officier de police judiciaire, de tous les exemplaires contrefaits qui peuvent être découverts, qui seront soumis à l'issue du procès, et seront remis au demandeur si le délit est établi.

Devant le tribunal criminel, la réparation faite à la partie lésée, lorsque le délit est reconnu, consiste en la remise des exemplaires saisis, lorsqu'il y a eu saisie, et la remise du produit des confiscations prévues par le code, et tels dommages-intérêts et frais qui puissent compenser le tort qui a été fait à la partie lésée. Quant à l'amende, elle revient à l'état, et le plaignant n'a point à s'en occuper. S'il n'y a point d'action civile, mais seulement de simples poursuites criminelles à la requête du ministère public, les objets saisis seront détruits.

Si le plaignant préfère intenter une action devant le tribunal civil, il en obtiendra, en cas de succès, la remise des exemplaires saisis, et d'autres dommages-intérêts ainsi que les frais qu'il aura eu à supporter.

Il faut aussi faire observer, que dans tous les torts causés par suite d'infraction de la loi sur les droits d'auteurs, qui ne constituent pas la contrefaçon positive ou le débit d'ouvrages contrefaits qualifié de

to have recourse to will be the civil court. And, indeed, though it afford him the more summary and speedy means of redress, a disadvantage attaches to the plaintiff suing before a criminal tribunal; for if that court declare that no penal offence is established, its jurisdiction ceases altogether, and the plaintiff, whatever be the injury he may have sustained, must go to the civil court for redress, and begin there *de novo*.

PRESCRIPTIONS.—In France, pursuant to articles 637, 638, of the code of criminal procedure, proceedings, whether civil or criminal, for a piracy or utterance, must be commenced within three years after the committal of the offence. Pursuant to article 636 of the same code, pains and penalties pronounced against a party pirating or uttering can only be put in force or levied within five years after their definitive adjudication. This provision of article 636, however, applies to the penal sentence, and not to the judgment of indemnity in favour of the injured party, which will not be extinguished till after thirty years from its having been definitively given.

Copyright is, in France, moveable, *i. e.*, personal property.

délit, le plaignant ne peut avoir recours qu'au tribunal civil. Et en effet, quoiqu'il lui offre le moyen le plus sommaire et le plus expéditif d'obtenir réparation, le plaignant courrait des risques en s'adressant à un tribunal de justice criminelle; car si ce tribunal juge que le délit n'est pas établi, sa jurisdiction cesse entièrement, et le plaignant, quel que soit le tort qu'il ait éprouvé, doit aller devant le tribunal civil pour obtenir réparation, et commencer de nouveau.

PRESCRIPTIONS.—En France, d'après les articles 637, 638, du code d'instruction criminelle, les poursuites civiles ou criminelles, en raison de contrefaçon ou de débit d'ouvrages contrefaits doivent être commencées dans les trois ans qui suivront la perpétration du délit. D'après l'article 636 du même code, les peines et amendes prononcées contre ceux qui se rendent coupables de contrefaçon ou de débit d'ouvrages contrefaits ne peuvent être mises à exécution ou exigées que dans les cinq ans qui suivront la condamnation definitive. Cette disposition de l'article 636, ne s'applique qu'à la sentence pénale, et non au jugement d'indemnité donné en faveur de la partie lésée, lequel ne se prescrit que trente ans après qu'il a été définitivement rendu.

En France la propriété des auteurs est une propriété mobilière.

CHAPTER III.

UNTIL very recently, it was a legal question much disputed whether a foreign author had a copyright in his work, under any circumstances, in England. The late case, however, of *Boosey* v. *Jeffery*, (20 Law Journal Reports, Exchequer, 354), has brought the subject to a clear understanding. In that case, which was finally decided, on a writ of error, in the Exchequer Chamber, before Lord Campbell, Chief Justice, and Patteson, Maule, Wightman, Cresswell, Erle, and Williams, Judges, and in which the judgment was delivered by Lord Campbell, it is established, that if a foreigner, whether residing here or residing in his own country, compose a literary work, and cause it to be first published in England, he would be an author within the meaning of the English statutes for the encouragement of learning, and have a copyright here in the work. This law will, no doubt, especially since the enactment of the 19th section of the 7 & 8 *Vict. c.* 12, the International Copyright Act (see below) be the same with regard to the drama, engraving, and sculpture. But it must be understood that this kind of copyright depends entirely on a first publication in England. If the work of the foreign author be brought out first in

CHAPITRE III.

DROIT INTERNATIONAL DE PROPRIÉTÉ SUR LES ŒUVRES DE LITTÉRATURE ET D'ART.

IL n'y a pas longtemps qu'on débattait encore la question légale de savoir si, en Angleterre, un auteur étranger avait, dans quelque cas qui soit, droit de propriété sur ses œuvres. Le procès récent de *Boosey versus Jeffery* (20 Law Journal Reports, Exchequer 354) a cependant élucidé la matière. Dans cette cause, qui a été définitivement jugée, sur un appel comme d'abus, à la Chambre de l'Echiquier, devant le lord premier juge Campbell, et les juges Patteson, Maule, Wightman, Cresswell, Erle, et Williams, et dans laquelle le jugement a été prononcé par Lord Campbell, il est reconnu, que si un étranger, résidant en Angleterre ou dans son pays, compose un ouvrage littéraire, et le fait imprimer pour la première fois en Angleterre, il se trouve dans la catégorie des auteurs qui jouissent du bénéfice des statuts Anglais en faveur de l'encouragement des sciences, et il y jouit du droit de propriété sur son ouvrage. Cette loi sera, sans doute, surtout depuis les stipulations de la 19ᵉ section de l'acte des 7ᵉ et 8ᵉ an. du règ. de *Vict.* *ch.* 12, acte sur le droit international de propriété littéraire (voy. plus bas)—la même pour les drames, les

his own country, or in any country other than the
United Kingdom, his production becomes *publici juris*
here—mere common property, to be turned to the pro-
fit of any one that chooses to avail himself of it, unless
such foreign author can find protection under a public
mutual arrangement between this realm and the
state of which he is a subject. It is now to be seen
how this kind of international security may be established.

The power which the British crown has to maintain
a reciprocal copyright with any other state, depends
upon the statute the 7 & 8 *Vict. c.* 12, which was passed the 10th May, 1844, and upon the 15 & 16 *Vict. c.*
12, which was passed the 28th May, 1852. A brief
summary of the contents of these acts is here given:
the statutes themselves will be found in the appendix.
The first in order of these acts is

The 7 & 8 *Vict. c.* 12.—THE INTERNATIONAL CO-
PYRIGHT ACT, entitled, "An Act to amend the law
relating to International Copyright." The summary
of its contents is this:—

Sec. 1 recapitulates the various statutes giving copyright in this country, to which it is intended that the
international copyright shall extend; it then repeals
the 1 & 2 *Vict. c.* 59, a former international copyright
act.

gravures et les sculptures. Mais il faut bien comprendre que cette espèce de propriété repose entièrement sur le fait d'une première publication en Angleterre. Si l'ouvrage de l'auteur étranger parait d'abord dans son pays, ou dans tout autre pays que le Royaume Uni, sa prodúction tombe en Angleterre dans le domaine public—c'est alors une propriété commune à tous, dont peut profiter quiconque veut s'en emparer, à moins qu'un tel auteur étranger ne trouve protection par un arrangement mutuel entre le Royaume Brittannique et le pays dont il est sujet. Il s'agit maintenant de voir comment cette espèce de sécurité internationale peut être établie.

Le pouvoir qu'a la couronne en Angleterre de maintenir un droit réciproque sur les propriétés des auteurs avec tout autre état, dépend du statut des 7e et 8e an. du règ. de *Vict. ch.* 12, passé le 10 Mai, 1844, et d'un autre des 15e & 16e an. du règ. de *Vict. ch.* 12, passé le 28 Mai, 1852. On donne ici un précis de ces actes du parlement: les actes eux mêmes se trouveront dans l'appendice. Le premier de ces actes est

L'acte des 7e et 8 an. du règ. de *Vict. c.* 12.— L'Acte sur le Droit International de Propriété sur les Œuvres de Littérature et d'Art, intitulé, " Un Acte pour amender la loi internationale sur la propriété des œuvres de littérature et d'art." Voici un aperçu de ce qu'il contient:—

La section 1ere énumère les divers statuts qui confèrent aux auteurs des droits de propriété en Angleterre, droits auxquels doit s'étendre la loi internationale sur les propriétés des auteurs; elle révoque ensuite l'acte des 1ere et 2de an. du règ. de *Vict. c.* 59, première loi internationale sur cette matière.

Sec. 2 enacts that her Majesty may, by an order in council, direct that as respects all or any particular class of the following works, *viz* , books, prints, articles of sculpture, and other works of art to be defined in such order, which shall, after a future time specified in the order, be first published in any foreign country named in the order, the authors, inventors, designers, engravers, and makers of the works respectively, and their executors, administrators, and assigns, shall have a copyright in their works for a period defined in the order, not exceeding, however, the term of copyright which authors, inventors, designers, engravers, and makers of the like works are respectively entitled to when published in this country.

Section 3 provides, that if the order in council applies to books, the copyright law as to books first published in this country, shall apply to the books to which the order relates, with certain exceptions, one of which is, as to the direct delivery of copies to the British Museum and other libraries.

Section 4 provides, as to engraving and sculpture copyright, that if the order applies to prints, sculptures, or any of the other works of art mentioned above, the copyright law as to prints, sculptures, and works of art first published in this country, shall apply to the prints, sculptures, and works of art to which the order relates.

La section 2 porte que Sa Majesté peut, par une ordonnance de son Conseil Privé, ordonner que—quant à ce qui concerne une ou plusieurs classes d'ouvrages tels que les livres, les gravures, les morceaux de sculpture, et autres œuvres d'art, qui doivent être définis dans une telle ordonnance, et qui, à une époque future aussi spécifiée dans l'ordonnance, seront publiés pour la première fois en pays étrangers nommés aussi dans l'ordonnance —les auteurs, inventeurs, dessinateurs, graveurs, et tous ceux qui font ces ouvrages respectivement, et leurs exécuteurs testamentaires, mandataires et ayants-cause, auront droit de propriété sur leurs ouvrages pendant un espace de temps défini dans l'ordonnance, mais qui ne dépassera pas, néanmoins, la durée des droits de propriété auxquels les auteurs, inventeurs, dessinateurs, graveurs, et tous ceux qui font des ouvrages de même espèce, auraient respectivement droit si ces ouvrages eussent été publiés dans les Etats Britanniques.

La section 3 porte, que si l'ordonnance du Conseil s'applique à des livres, la loi sur la propriété des livres publiés pour la première fois dans les Etats Britanniques, s'étendra aux livres auxquels l'ordonnance se rapporte, avec quelques exceptions, dont une mentionne le dépot direct d'exemplaires au Musée Britannique et à d'autres bibliothèques.

La section 4 porte, quant à ce qui regarde la propriété des gravures et des sculptures, que si l'ordonnance a rapport aux gravures, aux sculptures, ou à quelques uns des ouvrages d'art ci-dessus mentionnés, la loi sur la propriété des gravures, des sculptures, et des œuvres d'art publiés pour la première fois dans les Etats Britanniques, s'appliquera aux gravures, aux sculp-

Sec. 5, as to musical and dramatic copyright, provides that her Majesty may, by an order in council, direct that authors and composers of dramatic pieces and musical compositions first publicly represented and performed in foreign countries, may have the sole liberty of representation and performance, and rights of protection, in the same manner as authors of similar works in this country, during a term mentioned in the order, not exceeding the period given under the copyright, dramatic, and other acts, to similar productions here.

Secs. 6, 7, 8, 9, provide for the absolutely requisite registry and delivery of copies at Stationers' Hall, and the other matters relating thereto.

Sec. 10 prohibits from importation, without the consent of the registered proprietor, all copies of works having copyright under this act printed in foreign countries other than the country where such works were first published.

Sec. 11 directs the officer of the Stationers' Company to deposit the copies he receives at the British Museum.

Sec. 12 provides that copies of second or subsequent editions need not be delivered to the Stationers' Company, unless they contain alterations or additions.

tures, et aux œuvres d'art auxquels l'ordonnance se rapporte.

La section 5 porte, quant à ce qui concerne la propriété des œuvres musicales et dramatiques, que sa Majesté peut, par une ordonnance du Conseil, décréter que les auteurs et compositeurs de pièces dramatiques et de compositions musicales réprésentées et exécutées pour la première fois en pays étranger, auront le droit exclusif de représentation et d'exécution, et les mêmes droits de protection que ceux dont jouissent les auteurs d'ouvrages semblables, dans les Etats Britanniques, pendant un espace de temps mentionné dans l'ordonnance, qui ne dépassera pas la période fixée, par l'acte sur la propriété des œuvres dramatiques et musicales, et par d'autres actes, pour jouir dans les Etats Britanniques des droits d'auteurs sur de semblables productions.

Les sections 6, 7, 8, et 9, portent que l'enregistrement et le dépôt d'exemplaires à l'Hôtel de la Corporation des Libraires est une formalité de rigueur, et elles contiennent d'autres dispositions qui s'y rapportent.

La section 10 prohibe l'importation, sans le consentement du propriétaire dont le nom est enregistré, de tous exemplaires d'ouvrages affectés d'un droit de propriété en vertu de cet acte, imprimés dans un pays étranger autre que celui dans lequel de tels ouvrages ont été publiés pour la première fois.

La section 11 porte que le fonctionnaire de la Corporation des Libraires doit déposer les exemplaires qu'il reçoit au Musée Britannique.

La section 12 porte que les exemplaires de la seconde édition ou des suivantes, ne seront déposés à l'Hôtel de la Corporation des Libraires que dans le

Secs. 13, 14, 15, 16, 17, relate to the extent and powers of the orders in council, which, when published in the *London Gazette*, will have the same effect as if they were part of this act.

Sec. 18 made an exception as to translations; but this section is partially repealed by the succeeding act, the 15 & 16 *Vict. c.* 12, as far as the section is inconsistent with that statute.

Section 19, which is a very important enactment as to foreign copyright in general, enacts that authors, composers, inventors, designers, engravers, or sculptors of works first published out of her Majesty's dominions, shall not have any copyright otherwise than such as they may become entitled to under this act.

Sec. 20 is an interpretation clause.

THE OTHER AND SUCCEEDING STATUTE IS THE 15 & 16 *Vict. c.* 12, IN AMENDMENT OF THE PRECEDING ACT THE 7 & 8 *Vict. c.* 12.—This second statute, the 15 & 16 *Vict. c.* 12, was passed the 28th May, 1852, and is entitled "An Act to enable her Majesty to carry into effect a convention with France on the subject of copyright, to extend and explain the international copyright act, and to explain the acts relating to copyright in engravings." The preamble states, that certain stipulations on the part of her Majesty require the authority of parliament; that such authority should be given, and that her Majesty should be entitled to

cas où ils contiendraient des changements ou des additions.

Les sections 13, 14, 15, 16, et 17, se rapportent à l'étendue et à la puissance des ordonnances du Conseil, lesquelles, après avoir été publieés dans la *London Gazette*, auront le même effet que si elles faisaient partie de cet acte.

La section 18 a fait une exception pour les traductions; mais cette section est en partie révoquée par l'acte postérieur des 15ᵉ et 16ᵉ an. du règ. de *Vict. c.* 12, en tant que cette section diffère de ce statut.

La section 19, qui est un décret très important sur les droits d'auteurs étrangers en général, porte que les auteurs, compositeurs, inventeurs, dessinateurs, graveurs, ou sculpteurs d'ouvrages publiés pour la première fois hors des états de sa Majesté, n'auront d'autres droits de propriété que ceux auxquels ils ont droit par cet acte.

La section 20 est une clause qui sert à interpréter la teneur de l'acte.

LE SECOND STATUT À CE SUJET EST UN ACTE DES 15ᵉ et 16ᵉ AN. DU RÈG. DE *Vict. c.* 12, COMME AMENDEMENT DE L'ACTE ANTÉRIEUR DES 7ᵉ et 8ᵉ AN. DU RÈG. DE *Vict. c.* 12. Ce second statut, des 15ᵉ et 16ᵉ an. du règ. de *Vict. c.* 12, passa le 28 Mai, 1852, et il est intitulé "Acte pour donner à sa Majesté les moyens de mettre à exécution une convention avec la France au sujet des droits des auteurs, pour donner plus d'extension et expliquer l'acte sur le droit international de propriété des œuvres de littérature et d'art, et pour expliquer les actes qui se rapportent à la loi sur la propriété des gravures." Le préambule porte, qu'en conséquence de certaines stipu-

make the same stipulations in any future treaty with a foreign power.

Sec. 1 partially repeals the 18th section of the 7 & 8 *Vict. c.* 12, the preceding international copyright act, as far as the provisions of that section are inconsistent with this statute.

Sec. 2 enacts that her Majesty may, by an order in council, direct that the authors of books published in a foreign country, and their representatives, may prevent translations, unauthorised by them, of their books, for a term limited in the order, not exceeding five years from the first publication of the translations which they have authorised.

Sec. 3 enacts that the law of copyright for the time being shall extend to prevent such translations of books as are not sanctioned by the authors of them.

Sec. 4 enacts that her Majesty may, by order in council, direct that the authors of dramatic pieces represented in a foreign country may prevent the representation in the British dominions of translations unauthorised by them of such dramatic pieces, for a time specified in the order, not exceeding five years from the first publication or representation of their authorised translations.

Sec. 5 enacts that the law for the time being, which

lations faites par sa Majesté, la sanction du parlement est indispensable, et qu'une telle sanction devrait être accordée afin que sa Majesté ait plus tard le droit de faire les mêmes stipulations dans un traité futur avec les gouvernements étrangers.

La section 1 révoque en partie la 18e section de l'acte des 7e et 8e an. du règ. de *Vict. ch.* 12, l'acte antérieur sur le droit international de propriété sur les œuvres de littérature et d'art, en tant que les dispositions de cette section diffèrent de ce statut.

La section 2 porte que sa Majesté peut, par ordonnance du Conseil, décréter que les auteurs de livres publiés dans un pays étranger, et leurs représentants, pourront empêcher les traductions de leurs livres qu'ils n'auraient point autorisées pour un espace de temps fixé dans l'ordonnance, qui ne dépassera pas cinq ans à partir de la première publication des traductions qu'ils ont autorisées.

La section 3 porte que la loi existante sur les droits des auteurs empêchera l'émission de traductions de livres que les auteurs n'auraient point autorisées.

La section 4 porte que sa Majesté peut, par ordonnance du Conseil, décréter que les auteurs de pièces dramatiques représentées en pays étranger pourront empêcher la représentation dans les Etats Britanniques des traductions de ces pièces dramatiques qu'ils n'auraient point autorisées, pendant un espace de temps spécifié dans l'ordonnance, qui ne dépassera pas cinq ans à partir de la première publication ou représentation de leurs traductions autorisées.

La section 5 porte que la loi existante qui assure

ensures to authors the sole liberty of representing their dramatic pieces, shall extend to prevent the representation of unauthorised translations.

Sec. 6 provides that nothing herein shall prevent fair imitations and adaptations to the English stage of any dramatic piece or musical composition published in a foreign country.

Sec. 7 provides that any article of political discussion in any foreign newspaper or periodical may, if the source of it be acknowledged, be republished or translated in any newspaper or periodical in this country; and any article relating to any other subject than one of political discussion, which has been published in a foreign newspaper or periodical, may, if the source of it be acknowledged, be republished or translated in any newspaper or periodical in this country, unless the original author has signified, in some conspicuous part of the paper or periodical in which it is first published, his intention of preserving the copyright, and the right of translation of it.   In that case he shall, without the formalities required by the following section, have the same protection as is given to books by this and the former international copyright acts.

Section 8 enacts, that no author or his representatives shall be entitled to the benefit of this act, or any order of Council consequent upon it, in respect of the translation of any book or dramatic piece, if the following requisitions be not complied with, viz.:—

1. Registration and deposit of the original work

aux auteurs le droit exclusif de représenter leurs œuvres dramatiques, défendra la représentation de traductions non-autorisées.

La section 6 porte qu'aucune de ces dispositions ne pourra empêcher les imitations licites et les adaptations à la scène Anglaise de pièces dramatiques ou de compositions musicales publiées en pays étranger.

La section 7 porte que tous les articles politiques d'un journal ou d'un recueil periodique étranger, peuvent être, en en déclarant la source, réimprimés ou traduits dans un journal ou un recueil périodique des Etats Britanniques; et tous les articles qui traitent d'autres sujets que la politique, et qui ont été publiés dans un journal ou un recueil périodique, peuvent être réimprimés ou traduits, en en déclarant la source, dans un journal ou un recueil périodique dans les Etats Britanniques, à moins que l'auteur original n'ait signifié, en quelque endroit apparent du journal ou du recueil périodique dans lequel il les publie pour la première fois, qu'il s'en réserve la propriété, et le droit de les traduire. Dans ce cas il jouira, sans être astreint aux formalités requises dans la section suivante, de la même protection que celle qui est accordée aux livres par ce présent acte et par l'acte anterieur sur le droit international de propriété sur les œuvres de littérature et d'art.

La section 8 porte que les auteurs ou leurs representants ne jouiront des bénéfices de cet acte, ou des ordonnances du Conseil qui s'y rapportent, pour ce qui concerne les traductions de livres ou de pieces dramatiques, qu'autant qu'ils auront rempli, les formalités suivantes, savoir:

1°. Enregistrement et dépôt de l'ouvrage original

within three calendar months of its first publication in the foreign country.

2. A notification on the title-page of the original work, or, if published in parts, on the title-page of the first part, or, if there be no title-page, on some conspicuous part of the work, that it is the intention of the author to reserve the right of translating it.*

3. Publication of the translation sanctioned by the author, or of a part of it, either in the foreign country protected, or in the British dominions, not later than one year after registration and deposit of the original work; moreover, the whole of such translation must be published within three years of such registration and deposit.

4. Registration and deposit of a copy of the authorised translation in the United Kingdom, within a time to be mentioned in the order in Council, and in the manner provided for the registration and deposit of the original work.

5. Registration and deposit of each part of the original work, when published in parts, within three months after the first publication of such part in the foreign country.

---

* This notification had better be as nearly as possible in the words of the statute, neither more nor less ; for instance, thus:— "The author of this work notifies that it is his intention to reserve the right of translating it." It should also be observed that where there is a title-page, it is absolutely necessary that the notice appear upon that actual title-page, otherwise it will not avail.

dans les trois mois qui suivront la première publi-cation dans le pays étranger.

2°. Un avis sur la page du titre de l'ouvrage origi-nal, ou, s'il est publié par livraisons, sur la page du titre de la première livraison, ou s'il n'y a point de titre, en quelque endroit apparent de l'ouvrage, portant que l'auteur s'est réservé le droit de le traduire.*

3°. Publication de la traduction autorisée par l'au-teur, ou d'une partie de cette traduction, dans le pays étranger protégé, ou dans les Etats Britan-niques, mais pas plus d'un an aprés l'enregistre-ment et le dépôt des ouvrages originaux; de plus, la traduction toute entière doit être publiée dans les trois ans qui suivront l'enregistrement et le dépôt.

4°. Enregistrement et dépôt dans le Royaume Uni d'un exemplaire de la traduction autorisée dans un délai que doit mentionner l'ordonnance du Con-seil, et selon les formalités en usage pour l'enregis-trement et le dépôt d'un ouvrage original.

5°. Enregistrement et dépôt de chaque partie de l'ouvrage original, lorsqu'il est publié par livrai-sons, dans les trois mois qui suivront la première publication d'une telle partie dans le pays étran-ger.

* Cet avis doit, autant que possible, être rédigé d'après les termes-mêmes du statut, et ne contenir ni plus ni moins : voici un exemple:—" L'auteur de cet ouvrage déclare se réserver le droit de le traduire." On doit aussi faire observer que c'est sur la page du titre, lorsqu'il y a en a une, qu'on doit mettre l'avis ci-dessus, autrement cet avis serait sans effet.

6. Publication, in case of dramatic pieces, of the translation sanctioned by the author, within three months of the registration of the original work.

The above requisitions shall apply to articles originally published in newspapers or periodicals, if the same be afterwards published in a separate form; but they shall not apply to them as originally published.

Section 9 enacts, that all copies of any work of literature or art having subsisting copyright under these international acts, which are printed, reprinted, or made in any foreign country, except that in which the first publication of such work has taken place, and also all unauthorised translations of any book or dramatic piece, are absolutely prohibited to be imported into the British dominions, except by the consent of the registered proprietor of the copyright, or by the consent of his agent, authorised in writing. The provisions of the 5 & 6 *Vict. c.* 45 (the English Copyright Act), as to forfeiture, seizure, and destruction, shall extend to the importation of all such prohibited copies and translations.

Section 10 enacts, that the provisions of the nine previous sections shall be incorporated with the pre-

6. Publication, dans le cas d'ouvrages dramatiques, de la traduction sanctionnée par l'auteur, dans les trois mois qui suivront l'enregistrement de l'ouvrage original.

Les dispositions précédentes s'appliqueront aux articles originairement publiés dans les journaux ou recueils périodiques, si ces articles sont ensuite publiés séparément; mais elles ne s'appliquent pas à ces articles s'ils ne sont publiés que dans les journaux ou recueils périodiques.

La section 9 porte qu'il est formellement défendu d'importer dans les Etats Britanniques, tout exemplaire d'ouvrages de littérature ou d'art sur lesquels il existe un droit de propriété garanti par ces actes internationaux, lesquels ouvrages sont imprimés ou réimprimés, ou faits en tout autre pays étranger que celui dans lequel la première publication de tels ouvrages a eu lieu, et encore toute traduction non autorisée de livres ou de pièces dramatiques, excepté avec le consentement de celui à qui appartient le droit de propriété et dont le nom a été enregistré, ou avec le consentement de son mandataire, autorisé par écrit à le donner. Les dispositions de l'acte des 5e et 6e an. du règ. de *Vict. c.* 45 (l'acte Anglais sur les droits des auteurs),* pour ce qui concerne la confiscation, la saisie, et la destruction, s'appliqueront à tous exemplaires d'ouvrages de littérature et d'art, et à toutes traductions dont l'importation est prohibée par cet acte.

La section 10 porte que les dispositions des neuf sections précédentes seront incorporées avec le précé-

* Voyez plus haut page.

E

ceding international act, and shall be read and construed with it as one act.

Section 11, after reciting that her Majesty has
already, by order in Council, given effect to certain
stipulations in the international convention with the
French Republic, and that it is expedient that the
remainder of the stipulations, on her part, should take
effect without further order in Council, enacts, that
during the continuance of such Convention, and as
long as the present order in Council remains in force,
the provisions of the above ten sections of this act
shall apply to such Convention, and to the translations
of books and dramatic pieces published or represented
in France, in the same manner as if her Majesty had
issued a further order in Council, in pursuance of this
act for giving effect to the Convention, and had directed
the above-mentioned period of five years for protection,
and period of three months for registration and deposit
of such translations.

Section 12 gives the sanction of Parliament to the
reduction of duties on books, prints, and drawings
published in France, which has been already made,
pursuant to the Convention, by her Majesty's order in
Council.* It also enacts, that such duties, so reduced,
shall not be raised during the continuance of the Convention, and that if further reduction be made for
other countries, it may be extended to France.

Section 13, after reciting that doubts have arisen in
the construction of the schedule of duties on books,

* See *post.*

dent acte international et ne feront ensemble qu'un seul et même acte.

La section 11, aprés avoir mentionné que sa Majesté a déjà, par ordonnance du Conseil, mis a exécution certaines stipulations de la convention internationale avec la République Française, et qu'il est nécéssaire que les autres stipulations qui concernent sa Majesté, soient mises en vigueur sans ordonnance ultérieure du Conseil, porte, que pendant la durée de cette convention, et tant que la dite ordonnance du Conseil sera en vigueur les dispositions des dix sections ci-dessus du dit acte, s'appliqueront à cette convention, et aux traductions de livres et d'ouvrages dramatiques publiés ou représentés en France, de la même manière que si sa Majesté en son Conseil eût rendu une autre ordonnance, en conséquence de cet acte pour mettre à exécution la convention, et eût fixè l'espace susmentionné de cinq ans, pour la durée de la protection, et l'espace de trois mois pour l'enregistrement et le dépôt de ces traductions.

La section 12 mentionne la sanction donnée par le Parlement à la réduction des droits sur les livres, les gravures, et les dessins publiés en France, ce qui avait déjà eu lieu, en conséquence de la convention par ordonnance de sa Majesté en son Conseil.* Elle porte aussi que de tels droits, ainsi réduits ne seront point élevés tant que la convention sera en vigueur, et que si une réduction ultérieure est faite en faveur des autres pays, la France pourrait en profiter.

La section 13, après avoir mentionné que des doutes se sont élevés sur le sens du tableau des droits sur les

* Voyez plus loin.

prints, and drawings, which is appended to the 9 & 10 *Vict. c.* 58, in reduction of such duties, enacts, that for the purposes of the 9 & 10 *Vict. c.* 58, every work published in the country of export, part of which has been originally produced in the United Kingdom, shall be subject to the duty payable on "works originally produced in the United Kingdom, and republished in the country of export," although it contain also original matter not produced in the United Kingdom; unless it be satisfactorily proved to the Commissioners of Customs that the original matter is at least equal to the part produced in the United Kingdom, in which case the works shall be subject only to the duty on "works not originally produced in the United Kingdom."

Section 14, after referring to the four acts which constitute copyright in engravings, and after reciting that doubts are entertained as to whether the provisions of those statutes extend to lithographs and other impressions, declares that those four acts are intended, and are to be construed to include prints taken by lithography or any other mechanical process by which prints or impressions of drawings or designs are capable of being multiplied indefinitely.

The statutes themselves will be found in an appendix at the end of the book. A French literal version is also added, which may possibly help the foreign reader to interpret what must be to him the confusing and scarcely intelligible language of the original.

livres, les gravures, et les dessins, lequel est annexé à l'acte des 9ᵉ et 10ᵉ an. du règ. de *Vict. c.* 58, quant à la réduction de tels droits, porte, qu'aux termes de l'acte des 9ᵉ et 10ᵉ an. du règ. de *Vict. c.* 58, les ouvrages publiés dans le pays d'où on les exporte, et dont une partie a été originairement publiée dans le Royaume Uni, seront soumis aux droits à payer sur "les ouvrages originairement publiés dans le Royaume Uni; et réimprimés dans le pays d'où ils sont exportés" quoiqu'ils contiennent aussi des matières originales non publiées dans le Royaume Uni; à moins qu'on ne puisse prouver clairement aux Commissaires des Douanes que la matière originale est au moins égale à la portion publiée dans le Royaume Uni, dans lequel cas les ouvrages seront seulement soumis aux droits des " livres qui n'ont pas été originairement publiés dans le Royaume Uni."

La section 14, renvoie d'abord aux quatre actes qui constituent les droits de propriété sur les gravures, et mentionne qu'il est douteux que les dispositions de ces statuts s'appliquent aux lithographies et autres impressions, puis déclare que ces actes doivent comprendre et ont été rédigés de manière à comprendre les gravures produites par la lithographie ou par tout autre procédé mécanique au moyen duquel les gravures ou impressions de dessins peuvent être multipliées à l'infini.

Le texte de ces statuts se trouve dans un appendice à la fin de ce livre: ils y sont aussi rendus en Français mot à mot. Il est à esperer qui une telle version littérale aidera le lecteur étranger à débrouiller la diction des actes originaux, pour lui surtout, fort confus et peu intelligible.

CHAPTER IV.

THE INTERNATIONAL COPYRIGHT CONVENTION BETWEEN ENGLAND AND FRANCE.

THIS Convention, the most important that has yet been entered into since the passing of the International Copyright Act, was effected at Paris at the latter end of the last, and the beginning of the present year. It affords reciprocal protection and right of property to the respective productions of either country in literature, the drama, music, engraving, and sculpture. The Convention, which is based on the English and French law of copyright, consists of fifteen articles and a final *procés verbal*. These articles may be summarily detailed as follow:—

Article 1 fixes the nature and extent of the International copyright.

Articles 2, 3, give copyright to translators in translations of their own productions, and fix the conditions of such copyright.

Article 4 extends the copyright in such translations to the performance of dramatic and musical productions.

Article 5 permits translations from newspapers, under certain restrictions.

CHAPITRE IV.

CETTE Convention, la plus importante qui ait été conclue depuis la promulgation de l'Acte International sur la propriété des œuvres de littérature et d'art, a été faite à Paris vers la fin de l'année dernière et au commencement de celle-ci. Elle établit dans les deux pays un privilège de protection réciproque et un droit de propriété sur les productions littéraires, dramatiques et musicales, ainsi que sur les gravures et les sculptures. La Convention, qui est basée sur les lois Anglaises et Françaises qui règlent les droits des auteurs, se compose de quinze articles et d'un procès verbal. Ces articles peuvent être résumés ainsi qu'il suit:—

L'article 1 fixe la nature et l'étendue du droit de propriété sur les œuvres de littérature et d'art.

Les articles 2 et 3 donnent aux traducteurs droit de propriété sur les traductions qu'ils ont faites, et fixe les conditions auxquelles ce droit est soumis.

L'article 4 étend ce droit de propriété sur ces traductions à la représentation d'œuvres dramatiques et musicales.

L'article 5 permet la traduction des articles des journaux sous de certaines restrictions.

Articles 6, 7, prohibit, under penalties, the importation of pirated copies of works protected by this Convention.

Articles 8, 9, relate to the necessary registration and deposit of copies.

Article 10 reduces the duties on books, music, and engravings imported from France into Great Britain.

Article 11 stipulates that either state shall communicate to the other its future laws and regulations with regard to copyright.

Article 12 stipulates that the Convention shall not affect the right of either state to control or prohibit publications, as it may deem expedient.

Article 13 leaves unaffected the right of either state to prohibit the importation into its own dominions of such books as its laws or engagements with other states may render piracies.

Article 14 stipulates that her Majesty will obtain from Parliament further power to carry out the Convention; this article also declares the time of the duration of the Convention, and gives authority to modify it, if necessary.

Article 15 directs the ratification, and declares the signing and sealing of the Convention.

The *procés verbal* of the exchange of ratifications permits that those parts of the Convention which require no further sanction of the English law may be carried at once into execution, and it makes an

Les articles 6 et 7 interdisent, sous les peines de droit, l'importation d'exemplaires contrefaits d'ouvrages protégés par cette Convention.

Les articles 8 et 9 ont rapport à l'enregistrement et au dépôt d'exemplaires.

L'article 10 réduit les droits sur les livres, la musique, et les gravures importés de France en Angleterre.

Il est stipulé par l'article 11 que les deux états se communiqueront mutuellement les lois et règlements qui pourront être ultérieurement établis á l'égard des droits d'auteurs.

Il est dit dans l'article 12 que la Convention ne portera point atteinte au droit de chacun des deux états de surveiller ou de défendre des publications à l'égard desquelles l'un ou l'autre pays jugerait convenable d'exercer ce droit.

L'article 13 ne porte point atteinte au droit de chacun des deux états de prohiber l'importation dans sa circonscription de livres qui, d'après ses lois ou des stipulations souscrites avec d'autres puissances, sont ou seraient déclarés être des contrefaçons.

L'article 14 porte que sa Majesté s'engage à obtenir du parlement les pouvoirs ultérieurs pour mettre en vigueur la Convention. Cet article fixe aussi la durée de la Convention, et donne pouvoir de la modifier au besoin.

L'article 15 porte que la Convention sera ratifiée et mentionne qu'elle a été signée et scellée.

Le procès verbal de l'échange des ratifications porte que celles des dispositions de la Convention que l'état actuel de la législation Anglaise autorise à valider seront mises de suite en vigueur; et il mentionne une

alteration with regard to political articles in newspapers.

The Convention in full is as follows:—

CONVENTION between her Majesty and the French Republic, for the establishment of International Copyright; signed at Paris, November 3, 1851. —Ratifications exchanged at Paris, January 8, 1852. Presented to both Houses of Parliament by command of her Majesty in 1852.

HER Majesty the Queen of the United Kingdom of Great Britain and Ireland, and the President of the French Republic, being equally desirous of extending in each country the enjoyment of copyright to works of literature and of the fine arts which may be first published in the other; and her Britannic Majesty having consented to extend to books, prints, and musical works published in France, that reduction of the duties now levied thereon on importation into the United Kingdom, which she is by law empowered to grant, under certain circumstances, in favour of such works published in foreign countries; her Britannic Majesty and the President of the French Republic have deemed it expedient to conclude a special Convention for that purpose, and have therefore named as their plenipotentiaries, that is to say:—

Her Majesty the Queen of the United Kingdom of Great Britain and Ireland, Constantine Henry, Marquess of Normanby, a Peer of the United Kingdom, Knight of the Most Noble Order of the Garter, and Knight Grand Cross of the Most Honourable Order of the Bath, &c., Ambassador Extraordinary and Plenipotentiary to the French Republic;

And the President of the French Republic, M. Lewis Felix Stephen Turgot, Officer of the National Order of the Legion of Honour, Knight of the Royal Order of San Fernando of Spain, Second Class, &c., &c., and Minister for the Department of Foreign Affairs;

modification applicable aux articles de discussion politique dans les journaux.

Voici la teneur de la Convention:—

CONVENTION entre sa Majesté et la République Française, pour établir une loi internationale sur la propriété des œuvres de littérature et d'art; signée à Paris le 3 Novembre, 1851.— L'échange des ratifications a eu lieu à Paris le 8 Janvier, 1852. Ces documents ont été présentés aux deux chambres du Parlement par ordre de sa Majesté en 1852.

Sa Majesté la Reine du Royaume Uni de la Grande Bretagne et d'Irlande, et le Président de la République Française, également animés du désir d'étendre dans les deux pays la jouissance des droits d'auteur pour les ouvrages de littérature et de beaux arts, qui pourront être publiés pour la première fois dans l'un des deux; et sa Majesté Britannique ayant consenti à étendre aux livres, gravures, et œuvres musicales publiés en France, la réduction que la loi l'autorise à accorder, sous certaines conditions, dans le taux des droits actuellement perçus à l'importation dans le Royaume Uni de ces mêmes articles publiés en pays étrangers; sa Majesté Britannique et le Président de la République Française ont jugé à propos de conclure dans ce but une Convention spéciale, et ont nommé à cet effet pour leurs Plénipotentiaires, savoir:—

Sa Majesté la Reine du Royaume Uni de la Grande Bretagne et d'Irlande, M. Constantin Henry, Marquis de Normanby, Pair du Royaume Uni, Chevalier du Très-Noble Ordre de la Jarretière, Grand-Croix du Très Honourable Ordre du Bain, &c., son Ambassadeur Extraordinaire et Plénipotentiaire près la République Française;

Et le Président de la République Française, M. Louis Félix Etienne Turgot, Officier de l'Ordre National de la Légion d'Honneur, Chevalier de l'Ordre Royal de Saint Ferdinand d'Espagne de 2e Classe, &c., &c., Ministre au Département des Affaires Etrangères;

Who, after having communicated to each other their respective full powers, found in good and due form, have agreed upon and concluded the following articles:—

Article 1. From and after the date on which, according to the provisions of article 14, the present Convention shall come into operation, the authors of works of literature or of art, to whom the laws of either of the two countries do now or may hereafter give the right of property, or copyright, shall be entitled to exercise that right in the territories of the other of such countries for the same term, and to the same extent, as the authors of works of the same nature, if published in such other country, would therein be entitled to exercise such right; so that the republication or piracy in either country, of any work of literature or of art, published in the other, shall be dealt with in the same manner as the republication or piracy of a work of the same nature first published in such other country; and so that such authors in the one country shall have the same remedies before the courts of justice in the other country, and shall enjoy in that other country the same protection against piracy and unauthorised republication as the law now does or may hereafter grant to authors in that country.

The terms "works of literature or of art," employed at the beginning of this article, shall be understood to comprise publications of books, of dramatic works, of musical compositions, of drawing, of painting, of sculpture, of engraving, of lithography, and of any other works whatsoever of literature and of the fine arts.

The lawful representatives or assigns of authors, translators, composers, painters, sculptors, or engravers, shall, in all respects, enjoy the same rights which by the present Convention are granted to the authors, translators, composers, painters, sculptors, or engravers themselves.

Article 2. The protection granted to original works is extended to translations; it being, however, clearly understood, that the intention of the present article is simply to protect a translator in respect of his own translation, and that it is not intended to confer upon the first translator of any work the exclusive right of translating that work, except in the case and to the extent provided for in the following article.

Article 3. The author of any work published in either of the two countries, who may choose to reserve the right of translating it, shall, until the expiration of five years from

Lesquels, après s'être communiqué leurs pleins pouvoirs, trouvés en bonne et due forme, sont convenus des articles suivans:—

Article 1. A partir de l'époque à laquelle, conformément aux stipulations de l'Article 14 ci-après, la présente Convention deviendra exécutoire, les auteurs d'œuvres de littérature ou d'art, auxquelles les lois de l'un des deux pays garantissent actuellement, ou garantiront à l'avenir, le droit de propriété ou d'auteur, auront la faculté d'exercer le dit droit sur les territoires de l'autre pays pendant le même espace de temps, et dans les mêmes limites, que s'exercerait dans cet autre pays le droit attribué aux auteurs d'ouvrages de même nature qui y seraient publiés; de telle sorte que la production ou la contrefaçon dans l'un des deux états, de toute œuvre de littérature ou d'art, publiée dans l'autre, sera traitée de la même manière que le serait la reproduction ou la contrefaçon d'ouvrages de même nature originairement publiés dans cet autre état; et que les auteurs de l'un des deux pays auront, devant les tribunaux de l'autre, la même action, et jouiront des mêmes garanties contre la contrefaçon ou la reproduction non-autorisée, que celles que la loi accorde, ou pourrait accorder à l'avenir, aux auteurs de ce dernier pays.

Il est entendu que ces mots "œuvres de littérature ou d'art," employés au commencement de cet article, comprennent les publications de livres, d'ouvrages dramatiques, de compositions musicales, de dessin, de peinture, de sculpture, de gravure, de lithographie, et de toute autre production quelconque de littérature et de beaux arts.

Les mandataires ou ayants-cause des auteurs, traducteurs, compositeurs, peintres, sculpteurs, ou graveurs, jouiront à tous égards des mêmes droits que ceux que la présente Convention accorde aux auteurs, traducteurs, compositeurs, peintres, sculpteurs, ou graveurs eux-mêmes.

Article 2. La protection accordée aux ouvrages originaux est étendue aux traductions. Il est bien entendu toutefois, que l'objet du présent article est simplement de protéger le traducteur par rapport à sa propre traduction, et non pas de conférer le droit exclusif de traduction au premier traducteur d'un ouvrage quelconque, hormis dans le cas et les limites prévus par l'article suivant.

Article 3. L'auteur de tout ouvrage publié dans l'un des deux pays, qui aura entendu réserver son droit de traduction, jouira, pendant cinq années à partir du jour de la

the date of the first publication of the translation thereof authorised by him, be, in the following cases, entitled to protection from the publication in the other country of any translation of such work not so authorised by him:

Section 1. If the original work shall have been registered and deposited in the one country within three months after its first publication in the other.

Section 2. If the author has notified on the title-page of his work his intention to reserve the right of translating it.

Section 3. Provided always, that at least a part of the authorised translation shall have appeared within a year after the registration and deposit of the original, and that the whole shall have been published within three years after the date of such deposit.

Section 4. And provided that the publication of the translation shall take place within one of the two countries, and that it shall be registered and deposited according to the provisions of article 8.

With regard to works which are published in parts, it will be sufficient if the declaration of the author that he reserves the right of translation, shall appear in the first part. But with reference to the period of five years limited by this article for the exercise of the exclusive right of translation, each part shall be treated as a separate work, and each part shall be registered and deposited in the one country within three months after its first publication in the other.

Article 4. The stipulations of the preceding articles shall also be applicable to the representation of dramatic works, and to the performance of musical compositions, in so far as the laws of each of the two countries are or shall be applicable in this respect to dramatic and musical works first publicly represented or performed therein.

In order, however, to entitle the author to legal protection in regard to the translation of a dramatic work, such translation must appear within three months after the registration and deposit of the original.

It is understood that the protection stipulated by the present article is not intended to prohibit fair imitations, or adaptations of dramatic works to the stage in England and France respectively, but is only meant to prevent piratical translations.

première publication de la traduction de son ouvrage autorisée par lui, du privilège de protection contre la publication dans l'autre pays de toute traduction du même ouvrage non autorisée par lui, et ce sous les conditions suivantes :

Condition 1. L'ouvrage original sera enregistré et déposé dans l'un des deux pays, dans un délai de trois mois à partir du jour de la première publication dans l'autre pays.

Condition 2. Il faudra que l'auteur ait indiqué en tête de son ouvrage l'intention de se réserver le droit de traduction.

Condition 3. La dite traduction autorisée devra avoir paru, au moins en partie, dans le délai d'un an à compter de la date de l'enregistrement et du dépôt de l'original, et en totalité dans le délai de trois ans à partir du dit dépôt.

Condition 4. La traduction devra être publiée dans l'un des deux pays, et être enregistrée et déposée conformément aux dispositions de l'article 8.

Pour les ouvrages publiés par livraisons, il suffira que la déclaration de l'auteur, qu'il entend se réserver le droit de traduction, soit exprimée dans la première livraison. Toutefois, en ce qui concerne le terme de cinq ans assigné par cet article pour l'exercice du droit privilégié de traduction, chaque livraison sera considérée comme un ouvrage séparé, et chacune d'elles sera enregistrée et déposée dans l'un des deux pays dans les trois mois à partir de sa première publication dans l'autre.

Article 4. Les stipulations des articles précédens s'appliqueront également à la représentation des ouvrages dramatiques, et à l'exécution des compositions musicales, en tant que les lois de chacun des deux pays sont ou seront applicables, sous ce rapport, aux ouvrages dramatiques et de musique représentés ou exécutés publiquement dans ces pays pour la première fois.

Toutefois, pour avoir droit à la protection légale, en ce qui concerne la traduction d'un ouvrage dramatique, l'auteur devra faire paraître sa traduction trois mois après l'enregistrement et le dépôt de l'ouvrage original.

Il est bien entendu que la protection stipulée par le présent article n'a point pour objet de prohiber les imitations faites de bonne foi, ou les appropriations des ouvrages dramatiques aux scènes respectives d'Angleterre et de France, mais seulement d'empêcher les traductions en contrefaçon.

The question whether a work is an imitation or a piracy, shall in all cases be decided by the courts of justice of the respective countries, according to the laws in force in each.

Article 5. Notwithstanding the stipulations of articles 1 and 2 of the present Convention, articles extracted from newspapers or periodicals published in either of the two countries, may be republished or translated in the newspapers or periodicals of the other country, provided the source from whence such articles are taken be acknowledged.

Nevertheless, this permission shall not be construed to authorise the republication in one of the two countries of articles from newspapers or periodicals published in the other country, the authors of which shall have notified in a conspicuous manner in the journal or periodical in which such articles have appeared, that they forbid the republication thereof.

Article 6. The importation into, and the sale in either of the two countries of piratical copies of works which are protected from piracy under articles 1, 2, 3, and 5 of the present Convention, are prohibited, whether such piratical copies originate in the country where the work was published, or in any other country.

Article 7. In the event of an infraction of the provisions of the foregoing articles, the pirated works or articles shall be seized and destroyed; and the persons who may have committed such infraction shall be liable in each country to the penalties and actions which are or may be prescribed by the laws of that country for such offences, committed in respect of a work or production of home origin.

Article 8. Neither authors, nor translators, nor their lawful representatives or assigns, shall be entitled in either country to the protection stipulated by the preceding articles, nor shall copyright be claimable in either country, unless the work shall have been registered in the manner following, that is to say :—

1°. If the work be one that has first appeared in France, it must be registered at the hall of the company of stationers in London.

2°. If the work be one that has first appeared in the dominions of her Britannic Majesty, it must be registered at the *Bureau de la Librairie* of the ministry of the interior at Paris.

La question d'imitation ou de contrefaçon sera déterminée dans tous les cas par les tribunaux des pays respectifs, d'après la législation en vigueur dans chacun des deux états.

Article 5. Nonobstant les stipulations des articles 1 et 2 de la présente Convention, les articles extraits de journaux ou de recueils périodiques publiés dans l'un des deux pays, pourront être reproduits ou traduits dans les journaux ou recueils périodiques de l'autre pays, pourvu qu'on y indique la source à laquelle on les aura puisés.

Toutefois, cette permission ne saurait être comprise comme s'étendant à la reproduction dans l'un des deux pays, des articles de journaux ou de recueils périodiques publiés dans l'autre, dont les auteurs auraient déclaré d'une manière évidente dans le journal ou le recueil même où ils les auront fait paraître, qu'ils en interdisent la reproduction.

Article 6. Sont interdites l'importation et la vente, dans l'un ou l'autre des deux pays, de toute contrefaçon d'ouvrages jouissant du privilège de protection contre la contrefaçon en vertu des articles 1, 2, 3, et 5 de la présente Convention, que ces contrefaçons soient originaires du pays où l'ouvrage a été publié, ou bien de toute autre contrée étrangère.

Article 7. En cas de contravention aux dispositions des articles précédens, les ouvrages ou objets contrefaits seront saisis et détruits; et les individus qui se seront rendus coupables de ces contraventions seront passibles, dans chaque pays, de la peine et des poursuites qui sont ou seraient prescrites par les lois de ce pays contre le même délit commis à l'égard de tout ouvrage ou production d'origine nationale.

Article 8. Les auteurs, traducteurs, de même que leurs représentans ou ayants-cause légalement désignés, n'auront droit, dans l'un et l'autre pays, à la protection stipulée par les articles précédens, et le droit d'auteur ne pourra être réclamé dans l'un des deux pays, qu'après que l'ouvrage aura été enregistré de la manière suivante, savoir:—

1º. Si l'ouvrage a paru pour la première fois en France, il faudra qu'il ait été enregistré à l'Hôtel de la Corporation des Libraires *(Stationers' Hall)*, à Londres.

2º. Si l'ouvrage a paru pour la première fois dans les états de sa Majesté Britannique, il faudra qu'il ait été enregistré au Bureau de la Librairie du Ministère de l'Intérieur à Paris.

No person shall be entitled to such protection as afore-said, unless he shall have duly complied with the laws and regulations of the respective countries in regard to the work in respect of which such protection may be claimed. With regard to books, maps, prints, or musical publications, no person shall be entitled to such protection, unless he shall have delivered gratuitously, at one or other of the places mentioned above, as the case may be, one copy of the best edition, or in the best state, in order to its being deposited at the place appointed for that purpose in each of the two countries,—that is to say, in Great Britain, at the British Museum at London, and in France, at the National Library at Paris.

In every case, the formality of deposit and registration must be fulfilled within three months after the first publi-cation of the work in the other country. With regard to works published in parts, the period of three months shall not begin to run until the date of the publication of the last part, unless the author shall have notified his intention to preserve the right of translating it, as provided in article 3; in which case each part shall be treated as a separate work.

A certified copy of the entry in the register book of the company of stationers in London shall confer, within the British dominions, the exclusive right of republication, until a better right shall have been established by any other party before a court of justice.

The certificate given under the laws of France, proving the registration of any work in that country, shall be valid for the same purpose throughout the territories of the French Republic.

A certificate or certified copy of the registration of any work so registered in either country shall, if required, be delivered at the time of registration; and such certificate shall state the exact date at which the registration was made.

The charge for the registration of a single work, under the stipulations of this article, shall not exceed one shilling in England, nor one franc and twenty-five centimes in France; and the further charge for a certificate of such registration shall not exceed the sum of five shillings in England, nor six francs and twenty-five centimes in France.

The provisions of this article shall not extend to articles

La susdite protection ne sera acquise qu'à celui qui aura fidèlement observé les lois et réglemens en vigueur dans les pays respectifs par rapport à l'ouvrage pour lequel cette protection serait réclamée. Pour les livres, cartes, estampes, ou publications musicales, la susdite protection ne sera acquise qu'autant que l'on aura remis gratuitement, dans l'un ou l'autre des dépôts mentionnés ci-dessus, suivant les cas respectifs, un exemplaire de la meilleure édition, ou dans le meilleur état, destiné à être déposé au lieu indiqué à cet effet dans chacun des deux pays; c'est-à-dire, dans la Grande Bretagne, au Musée Britannique à Londres; et en France, à la Bibliothèque Nationale de Paris.

Dans tous les cas, les formalités du dépôt et de l'enregistrement devront être remplies sous les trois mois qui suivront la première publication de l'ouvrage dans l'autre pays. A l'égard des ouvrages publiés par livraisons, ce délai de trois mois ne commencera à courir qu'à dater de la publication de la dernière livraison, à moins que l'auteur n'ait indiqué, conformément aux dispositions de l'article 3, son intention de se réserver le droit de traduction; auquel cas chaque livraison sera considérée comme un ouvrage séparé.

Une copie authentique de l'inscription sur le registre de la Corporation des Libraires à Londres conférera dans les Etats Britanniques le droit exclusif de reproduction, jusqu'à ce que quelqu'autre personne ait fait admettre devant un tribunal un droit mieux établi.

Le certificat délivré conformément aux lois Françaises, et constatant l'enregistrement d'un ouvrage dans ce pays, aura la même force et valeur dans toute l'étendue du territoire de la République Française.

Au moment de l'enregistrement d'un ouvrage dans l'un des deux pays, il en sera délivré, si on le demande, un certificat ou copie certifiée; et ce certificat relatera la date précise à laquelle l'enregistrement aura eu lieu.

Le coût d'enregistrement d'un seul ouvrage, conformément aux stipulations du présent article, ne pourra pas dépasser la somme d'un shilling en Angleterre, et d'un franc vingt-cinq centimes en France; et les frais additionnels pour le certificat d'enregistrement ne devront pas excéder la somme de cinq shillings en Angleterre, ou de six francs vingt-cinq centimes en France.

Les présentes stipulations ne s'étendront pas aux articles

which may appear in newspapers or periodicals, which shall be protected from republication or translation simply by a notice from the author, as prescribed by article 5. But if any article or work which has originally appeared in a newspaper or periodical, shall afterwards be published in a separate form, it shall then become subject to the stipulations of the present article.

Article 9. With regard to any article other than books, prints, maps, and musical publications, in respect to which protection may be claimable under article 1 of the present Convention, it is agreed, that any other mode of registration than that prescribed in the preceding article, which is or may be applicable by law in one of the two countries to any work or article first published in such country, for the purpose of affording protection to copyright in such work or article, shall be extended on equal terms to any similar work or article first published in the other country.

Article 10. During the continuance of this Convention, the duties now payable upon the lawful importation into the United Kingdom of Great Britain and Ireland of books, prints, drawings, or musical works, published throughout the territories of the French Republic, shall be reduced to and fixed at the rates hereinafter specified, that is to say,—

1. Duties on books and musical works, viz.—

		£	s.	d.
(a) Works originally produced in the United Kingdom, and republished in France, the cwt.		2	10	0
(b) Works not originally produced in the United Kingdom, the cwt.		0	15	0

2. Prints or drawings:—

		£	s.	d.
(a) Coloured or plain, single, each		0	0	$0\frac{1}{4}$
(b) Bound or sewed, the dozen		0	0	$1\frac{1}{2}$

It is agreed that the rates of duty above specified shall not be raised during the continuance of the present Convention; and that if hereafter, during the continuance of this Convention, any reduction of those rates should be made in favour of books, prints, drawings, or musical works published in any other country, such reduction shall be at the same time extended to similar articles published in France.

It is moreover understood that all works published in France, of which any part may have been originally produced in the United Kingdom, shall be considered as "works originally produced in the United Kingdom, and repub-

de journaux ou de recueils périodiques; pour lesquels le simple avertissement de l'auteur, ainsi qu'il est prescrit à l'article 5, suffira pour garantir son droit contre la reproduction ou la traduction. Mais si un article ou un ouvrage qui aura paru pour la première fois dans un journal ou dans un recueil périodique, est ensuite reproduit à part, il restera alors soumis aux stipulations du présent article.

Article 9. Quant à ce qui concerne tout autre objet que les livres, estampes, cartes, et publications musicales, pour lesquels on pourrait réclamer la protection en vertu de l'article 1 de la présente Convention, il est entendu que tout mode d'enregistrement autre que le mode prescrit par l'article précédent, qui est ou qui pourrait être appliqué par la loi dans un des deux pays, à l'effet de garantir le droit de propriété à toute œuvre quelconque ou article mis pour la première fois au jour dans ce pays, le dit mode d'enregistrement sera étendu, sous des conditions égales, a toute œuvre ou objet similaire mis au jour pour la première fois dans l'autre pays.

Article 10. Pendant la durée de la présente Convention, les droits actuellement établis à l'importation licite dans le Royaume Uni de la Grande Bretagne et d'Irlande, des livres, gravures, dessins, ou ouvrages de musique publiés dans toute l'étendue du territoire de la République Française, demeurent réduits et fixés au taux ci-après établi, savoir:—

1. Droits sur les livres et œuvres de musique:— £ s. d.

(a) Ouvrages publiés pour la première fois dans le Royaume Uni, et reproduits en France par quintal Anglais . . . } 2 10 0 (62 f. 50 c.)

(b) Ouvrages non publiés pour la première fois dans le Royaume Uni; par quintal Anglais } 0 15 0 (18 f. 15 c.)

2. Gravures ou dessins:—

(a) Coloriés ou non, chaque pièce . 0 0 0½ (5 c.)
(b) Reliés ou brochés, la douzaine . . 0 0 1½ (15 c.)

Il est convenu que le taux des droits ci-dessus spécifiés ne sera pas augmenté pendant la durée de la présente Convention; et que si par la suite, pendant la durée de cette Convention, ce taux était réduit en faveur des livres, gravures, dessins, ou ouvrages de musique publiés dans tout autre pays, cette réduction s'étendra en même temps aux objets similaires publiés en France.

Il est en outre bien entendu que tout ouvrage publié en France, et dont une partie aura été mise au jour pour la première fois dans le Royaume Uni, sera considéré comme 'ouvrage publié pour la première fois dans le Royaume

n force for ten year[s]
[t]he[ir] operation: and
before the expirati[on]
[not]ice of its intenti[on]

re il sera soumis
ntal Anglais, alors
ons originales pub-
ui, à moins que ces
endue pour le moins
ubliée originairement
vrage ne serait soumis
quintal Anglais.

ion de la présente Con-
ractantes s'engagent à se
s et réglemens qui pour-
ns les états respectifs, à
es ouvrages et productions
la présente Convention.

de la présente Convention
re, porter atteinte au droit
contractantes se réserve ex-
défendre, au moyen de mesures
rieure, la vente, la circulation,
tion de tout ouvrage ou de toute
s l'un ou l'autre pays jugerait
it.

ette Convention ne sera considéré
au droit de l'une ou de l'autre des
actantes de prohiber l'importation
s livres qui, d'après ses lois intéri-
souscrites avec d'autres puissances,
tre des contrefaçons ou des viola-

Britannique s'engage à recomman-
ter une loi qui l'autorise à mettre
positions de la présente Convention
uctionnées par un acte législatif.
té adoptée, la Convention sera mise
jour qui sera alors fixé par les deux
ntes. Dans chaque pays, le gou-
connaître d'avance le jour ainsi con-
s de la Convention ne seront appli-
articles publiés après cette date.

ion restera en vigueur pendant dix
ir où elle pourra être mise en vigueur;
des deux parties n'aurait pas signifié,
xpiration de la dite

lished in France," and as such shall be subject to the duty
of fifty shillings per cwt., although the same may contain
also original matter not produced in the United Kingdom,
unless such original matter shall be at least equal in bulk
to the part of the work originally produced in the United
Kingdom, in which case the work shall be subject only to
the duty of fifteen shillings per cwt.

Article 11. In order to facilitate the execution of the
present Convention, the two high contracting parties engage
to communicate to each other the laws and regulations
which may hereafter be established in their respective territories, with respect to copyright in works or productions
protected by the stipulations of the present Convention.

Article 12. The stipulations of the present Convention
shall in no way affect the right which each of the two high
contracting parties expressly reserves to itself, of controlling
or of prohibiting, by measures of legislation or of internal
police, the sale, circulation, representation, or exhibition
of any work or production, in respect to which either country may deem it expedient to exercise that right.

Article 13. Nothing in this Convention shall be construed
to affect the right of either of the two high contracting parties to prohibit the importation into its own dominions, of
such books as, by its internal law, or under engagements
with other states, are or may be declared to be piracies, or
infringements of copyright.

Article 14. Her Britannic Majesty engages to recommend
to Parliament to pass an act to enable her to carry into execution such of the arrangements contained in the present
Convention as require the sanction of an act of the legislature. When such an act shall have been passed, the Convention shall come into operation from and after a day to be then
fixed upon by the two high contracting parties. Due notice
shall be given beforehand in each country, by the govern-
ment of that country, of the day which may be so fixed
upon; and the stipulations of the Convention shall apply
only to works or articles published after that day.

The Convention shall continue in force for ten years
from the day on which it may come into operation; and if
neither party shall, twelve months before the expiration
of the said period of ten years, give notice of its intention

Uni, et reproduit en France;" et à ce titre il sera soumis aux droits de cinquante shillings par quintal Anglais, alors même qu'il contiendrait encore des additions originales publiées ailleurs que dans le Royaume Uni, à moins que ces additions originales ne soient d'une étendue pour le moins égale à celle de la partie de l'ouvrage publiée originairement dans le Royaume Uni, auquel cas l'ouvrage ne serait soumis qu'aux droits de quinze shillings par quintal Anglais.

Article 11. Pour faciliter l'exécution de la présente Convention, les deux hautes parties contractantes s'engagent à se communiquer mutuellement les lois et réglemens qui pourront être ultérieurement établis dans les états respectifs, à l'égard des droits d'auteurs, pour les ouvrages et productions protégés par les stipulations de la présente Convention.

Article 12. Les stipulations de la présente Convention ne pourront, en aucune manière, porter atteinte au droit que chacune des deux parties contractantes se réserve expressément de surveiller ou de défendre, au moyen de mesures législatives, ou de police intérieure, la vente, la circulation, la représentation, et l'exposition de tout ouvrage ou de toute production, à l'égard desquels l'un ou l'autre pays jugerait convenable d'exercer ce droit.

Article 13. Rien dans cette Convention ne sera considéré comme portant atteinte au droit de l'une ou de l'autre des deux hautes parties contractantes de prohiber l'importation dans ses propres états des livres qui, d'après ses lois intérieures ou des stipulations souscrites avec d'autres puissances, sont ou seraient déclarés être des contrefaçons ou des violations du droit d'auteur.

Article 14. Sa Majesté Britannique s'engage à recommander au parlement d'adopter une loi qui l'autorise à mettre en vigueur celles des dispositions de la présente Convention qui ont besoin d'être sanctionnées par un acte législatif. Lorsque cette loi aura été adoptée, la Convention sera mise à exécution à partir du jour qui sera alors fixé par les deux hautes parties contractantes. Dans chaque pays, le gouvernement fera dûment connaître d'avance le jour ainsi convenu ; et les stipulations de la Convention ne seront applicables qu'aux œuvres et articles publiés après cette date.

La présente Convention restera en vigueur pendant dix années à partir du jour où elle pourra être mise en vigueur; et dans le cas où aucune des deux parties n'aurait pas signifié, douze mois avant l'expiration de la dite période de dix

to terminate its operation, the Convention shall continue in force for a year longer, and so on from year to year, until the expiration of a year's notice from either party for its termination.

The high contracting parties, however, reserve to themselves the power of making by common consent, in this Convention, any modifications which may not be inconsistent with its spirit and principles, and which experience of its working may show to be desirable.

Article 15. The present Convention shall be ratified, and the ratifications shall be exchanged at Paris as soon as may be within three months from the date of signature.

In witness whereof, the respective plenipotentaries have signed the same, and have affixed thereto their respective seals.

Done at Paris, the third day of November, in the year of our Lord one thousand eight hundred and fifty-one.

(L.S.)   NORMANBY.
(L.S.)   TURGOT.

PROCÉS-VERBAL OF THE EXCHANGE OF RATIFICATIONS.

The Undersigned having met together in order, on the part of her Majesty the Queen of the United Kingdom of Great Britain and Ireland, and of the President of the French Republic, to proceed to the exchange of the respective ratifications of the Convention between Great Britain and France, signed at Paris on the 3rd of November last, for the mutual protection, in the two countries, of copyright in works of literature and of art ; the respective instruments of ratification were produced, and after having been carefully compared and found to be exactly conformable to each other, were exchanged in the usual form.

1. Notwithstanding, however, that by the terms of article 14, it is stipulated that none of those arrangements of the Convention shall come into operation until after the time when such of those arrangements as require to be confirmed in Great Britain by an act of the legislature, shall have been so sanctioned, it was mutually agreed, that such of those arrangements as do not require that sanction, and as the present state of the law enables the British Crown to carry at once into execution, shall on either side receive their full and entire effect as soon as possible.

années, son intention d'en faire cesser les effets, la Convention continuerait à rester en vigueur encore une année ; et ainsi de suite d'année en année, jusqu'à l'expiration d'une année à partir du jour où l'une ou l'autre des parties l'aura dénoncée.

Les hautes parties contractantes se réservent cependant la faculté d'apporter à la présente Convention, d'un commun accord, toute modification qui ne serait pas incompatible avec l'esprit et les principes qui en sont la base, et dont l'expérience aurait démontré l'opportunité.

Article 15. La présente Convention sera ratifiée, et les ratifications en seront échangées à Paris dans le délai de trois mois à partir du jour de la signature, ou plus tôt, si faire se peut.

En foi de quoi les plénipotentiaires respectifs l'ont signée, et y ont apposé leurs cachets respectifs.

Fait à Paris, le troisième jour du mois de novembre, de l'an de grâce mil huit cent cinquante-un.

(L.S.) NORMANBY.
(L.S.) TURGOT.

PROCÈS-VERBAL DE L'ÉCHANGE DES RATIFICATIONS.

Les soussignés s'etant réunis pour procéder, au nom de sa Majesté la Reine du Royaume Uni de la Grande Bretagne et d'Irlande, et du Président de la République Française, à l'échange des ratifications réciproques de la Convention signée à Paris le 3 novembre dernier, entre la Grande Bretagne et la France, dans le but de garantir mutuellement, dans les deux pays, la propriété des œuvres de littérature et d'art ; les instrumens respectifs de ratification ont été produits, et après avoir été soigneusement collationnés et trouvés exactement conformes l'un à l'autre, l'échange en a été opéré dans les formes usitées.

Toutefois, 1°. Nonobstant les termes de l'article 14, stipulant que la Convention ne sera exécutoire en aucune de ses dispositions qu'à partir du jour où celles qui ont besoin d'être validées dans la Grande Bretagne par un acte législatif, auront reçu cette sanction ; il a été convenu d'un commun accord, que celles des dispositions qui ne sont point de nature à y être soumises, et que l'état actuel de la législation autorise dès à présent la Couronne Britannique à valider, auront le plus tôt possible leur plein et entier effet de part et d'autre.

F

2. It was also agreed, that the stipulations contained in article 5, which forbid the republication in either of the two countries, of articles from newspapers or periodicals published in the other, the authors of which shall have notified in the newspaper or periodical in which such articles have appeared, that they forbid the republication thereof, shall not be applicable to articles of political discussion.

The preceding interpretations and explanations shall have the same force and validity as if they had been inserted in the Convention itself.

In witness whereof the undersigned have signed the present *procès-verbal*, in duplicate, at Paris, the eighth day of January, in the year of our Lord one thousand eight hundred and fifty-two.

(L. S.)   NORMANBY.
(L. S.)   TURGOT.

The following are the orders in Council consequent upon the Convention:—

COPY of an Order of her Majesty in Council, of the 10th January, 1852, under the 7 & 8 Vict., c. 12, directing that French Authors, &c., shall have the privilege of Copyright.

At the Court at Windsor, the 10th day of January, 1852.
Present:—The Queen's Most Excellent Majesty in Council.

WHEREAS a treaty has been concluded between her Majesty and the President of the French Republic, whereby due protection has been secured within the French dominions for the authors of books, dramatic works, musical compositions, drawings, paintings, sculpture, engravings, lithographs, and any other works of literature and of the fine arts in which the laws of Great Britain and of France do now, or may hereafter, give their respective subjects the right of property or copyright, and for the lawful representatives or

2. Il a été également convenu, que les dispositions contenues dans l'article 5, lesquelles interdisent la reproduction dans l'un des deux pays des articles de journaux ou de recueils périodiques publiés dans l'autre, et dont les auteurs auraient déclaré dans le journal ou recueil même où ils les auront fait paraître, qu'ils en interdisent la reproduction, ne seront pas applicables aux articles de discussion politique.

Les précédentes interprétations et explications auront la même force et valeur que si elles étaient insérées dans le texte même de la Convention.

En foi de quoi les soussignés ont signé le présent procès-verbal en double copie, à Paris, le huitième jour de Janvier, de l'an de grâce mil huit cent cinquante-deux.

(L. S.)   NORMANBY.
(L. S.)   TURGOT.

Voici les ordonnances rendues par la Reine en son Conseil par suite de la Convention:—

COPIE d'une Ordonnance de sa Majesté en son Conseil, du 10 janvier, 1852, (en vertu de l'acte des 7e et 8e année du règne de Vict. chap. 12), portant que les auteurs français, &c., jouiront du droit du propriété sur leurs ouvrages.

A la Cour de Windsor, le 10 janvier, 1852.

Présente :—Sa Très-Excellente Majesté la Reine en son Conseil.

Attendu que par suite d'un traité conclu entre sa Majesté et le Président de la République française, protection convenable a été assurée dans tout le territoire français, aux auteurs de livres, d'ouvrages dramatiques, de compositions musicales, de dessins, de peintures, de sculptures, de gravures, de lithographies, et d'autres œuvres de littérature et d'art sur lesquelles les lois de la Grande Bretagne et celles de France, donnent maintenant ou donneront plus tard aux sujets des deux pays, le droit de propriété, et que la même

assigns of such authors with regard to any such works first published within the dominions of her Majesty.

Now, therefore, her Majesty, by and with the advice and consent of her Privy Council, and by virtue of the authority committed to her by an act passed in the session of Parliament holden in the seventh and eighth years of her reign, intituled, " An act to amend the Law relating to International Copyright," doth order, and it is hereby ordered, that from and after the 17th day of January, 1852, the authors, inventors, designers, engravers, and makers of any of the following works; (that is to say) books, prints, articles of sculpture, dramatic works, musical compositions, and any other works of literature and the fine arts, in which the laws of Great Britain give to British subjects the privilege of copyright, and the executors, administrators, and assigns of such authors, inventors, designers, engravers, and makers respectively, shall, as respects works first published within the dominions of France, after the said 17th day of January, 1852, have the privilege of copyright therein for a period equal to the term of copyright which authors, inventors, designers, engravers, and makers of the like works respectively, first published in the United Kingdom, are by law entitled to, provided such books, dramatic pieces, musical compositions, prints, articles of sculpture, or other works of art have been registered, and copies thereof have been delivered according to the requirements of the said recited act, within three months after the first publication thereof in any part of the French dominions; or if such work be published in parts, then within three months after the publication of the last part thereof.

And it is hereby further ordered, that the authors of dramatic pieces and musical compositions, which shall, after the said 17th day of January, 1852, be first publicly represented or performed within the dominions of France, or their assignees, shall have the sole liberty of representing or performing in any part of the British dominions such dramatic pieces or musical compositions during a period equal to the period during which authors of dramatic pieces and musical compositions first publicly represented or performed in the United Kingdom, or their assignees, are enti-

protection est accordée aux représentants ou ayants-cause
des dits auteurs par rapport aux ouvrages publiés pour la
première fois dans les états de sa Majesté.

En conséquence, sa Majesté, d'après l'avis et le consentement de son Conseil Privé, et en vertu de l'autorité qui
lui est conférée par un Acte passé dans la session du Parlement tenue durant les 7e et 8e années de son règne, intitulé,
" Acte d'amendement de la Loi sur le droit International de
Propriété sur les œuvres de littérature et d'art," ordonne à
présent, et il est par ces présentes ordonné, qu'à partir du
17e jour de janvier 1852, les auteurs, inventeurs, dessinateurs, graveurs, et tous ceux qui font les ouvrages suivants,
c'est à dire, les livres, les gravures, les morceaux de sculpture, les œuvres dramatiques, les compositions musicales,
ou tous autres ouvrages de littérature ou d'art, sur lesquels
les lois de la Grande Bretagne donnent aux sujets anglais
le droit de propriété, et aux exécuteurs testamentaires,
représentants, et ayants-cause de tels auteurs, inventeurs,
dessinateurs, graveurs, artistes, et fabricants respectivement,
auront, quant à ce qui concerne les ouvrages publiés dans
l'étendue du territoire français, après la dite époque du
17e jour de janvier, 1852, le droit de propriété dans la dite
étendue pour une période égale à la durée du droit de propriété à laquelle les auteurs, inventeurs, dessinateurs, graveurs, et fabricants de tels ouvrages respectivement, publiés
pour la première fois dans le Royaume Uni, ont droit d'après
la loi, pourvu que ces livres, pièces dramatiques, compositions musicales, gravures, morceaux de sculpture, ou autres
œuvres d'art, aient été enregistrés, et que des exemplaires
et modèles aient été déposés selon les stipulations du dit
acte, dans les trois mois qui suivront la première publication
dans une partie quelconque du territoire français; ou, s'il
s'agit d'un ouvrage publié par livraisons, que le dépôt ait en
lieu dans les trois mois qui suivront la dernière livraison.

Et de plus il est ici ordonné, que les auteurs de pièces
dramatiques et de compositions musicales qui seront, après
le dit jour 17 janvier, 1852, représentées ou jouées publiquement pour la première fois dans le territoire français, ou
leurs ayants-cause, auront le droit exclusif de représenter
ou de jouer en quelque partie que ce soit des Etats Britanniques ces pièces dramatiques ou ces compositions musicales
pendant une période égale à celle durant laquelle les auteurs de pièces dramatiques et d'œuvres musicales représentées ou jouées pour la première fois publiquement dans le

tled by law to the sole liberty of representing or performing the same, provided such dramatic pieces or musical compositions have been registered, and copies thereof have been delivered according to the requirements of the said recited act, within three months after the time of their being first represented or performed in any part of the French dominions.

And the right honourable the Lords Commissioners of her Majesty's Treasury are to give the necessary directions herein accordingly.

(Signed)   WM. L. BATHURST.

Copy of an Order of her Majesty in Council of the 10th of January, 1852, (under the 9 & 10 Vict. c. 58), reducing the Duties on Books, Prints, and Drawings published in the dominions of France.

At the Court at Windsor, the 10th day of January, 1852.
Present:—The Queen's Most Excellent Majesty in Council.

Whereas by an act passed in the session of Parliament holden in the ninth and tenth years of the reign of her Majesty, intituled, " An act to amend an act of the seventh and eighth years of her present Majesty, for reducing under certain circumstances the duties payable upon books and engravings," it is enacted, that whenever her Majesty has, by virtue of any authority vested in her for that purpose, declared that the authors, inventors, designers, engravers, or makers of any books, prints, or other works of art, first published in any foreign country or countries, shall have the privilege of copyright therein, it shall be lawful for her Majesty, if she think fit, from time to time, by an order in Council, to declare that from and after a day to be named in such order, in lieu of the customs from time to time payable on the importation into the United Kingdom of books, prints, and drawings, there shall be payable only such duties of customs as are mentioned in the said act.

Royaume Uni, ou leurs ayants-cause, ont en vertu de la loi du droit exclusif de représenter ou jouer les dits ouvrages, pourvu que ces œuvres dramatiques ou ces compositions musicales aient été enregistrées, et que des exemplaires, aient été déposés selon les termes de l'acte precité, dans les trois mois qui suivront la première représentation ou exécution dans une partie quelconque du territoire français.

Et les très honorables Lords Commissaires de la Trésorerie de sa Majesté donneront les ordres nécessaires pour l'execution des présentes.

(Signé)   WM. L. BATHURST.

COPIE d'une Ordonnance rendue par sa Majesté en son Conseil du 10 janvier, 1852 (en vertu de l'acte des 9e et 10e années du règne de Vict. c. 58), qui réduit les droits sur les livres, les gravures, et les dessins publiés en France.

A la Cour de Windsor, le 10e jour de janvier, 1852.

Présente:—Sa Très-Excellente Majesté la Reine en son Conseil.

Attendu que par un acte passé durant la session du Parlement tenue dans les 9e et 10e années du règne de sa Majesté, intitulé, "Acte d'amendement de l'acte des 7e et 8e années du règne de sa Majesté actuelle, pour réduire dans de certaines circonstances les droits à payer sur les livres et les gravures," il est ordonné, que toutes les fois que sa Majesté a, en vertu des pouvoirs qui lui ont été conférés à ce sujet, déclaré que les auteurs, inventeurs, dessinateurs, graveurs, ou tous ceux qui font des livres, des gravures, ou autres œuvres d'art, publiés pour la première fois en pays étranger, auront le droit de propriété sur les dits ouvrages, sa Majesté aura de temps en temps le droit, lorsqu'elle le jugera à propos, de déclarer, d'après une ordonnance du Conseil qu'à partir de tel jour indiqué dans la dite ordonnance, au lieu des droits de douane payables de temps en temps sur l'importation dans le Royaume Uni de livres, gravures, et dessins, il n'y aura à payer que les seuls droits de douane qui sont mentionnés dans le dit acte.

And whereas her Majesty hath this day, by virtue of the authority vested in her for that purpose, declared that the authors, inventors, designers, engravers, and makers of books, prints, and certain other works of art, first published within the dominions of France, shall have the privilege of copyright therein.

Now, therefore, her Majesty, by and with the advice and consent of her Privy Council, and in virtue of the authority committed to her by the said recited act, doth order, and it is hereby ordered, that from and after the 17th day of January, 1852, in lieu of the duties of customs now payable upon books, prints, and drawings, published at any place within the dominions of France, and exported thence into the United Kingdom, there shall be payable only the duties of customs following, that is to say:

On books, viz., works originally produced in the United Kingdom, and republished at any place within the dominions of France, and exported from thence into the United Kingdom, a duty of 2*l.* 10s. per cwt.

On works published or republished at any place within the dominions of France, and exported from thence into the United Kingdom, and not being works originally produced in the United Kingdom, a duty of 15s. per cwt.

On prints and drawings, plain or coloured, published at any place within the dominions of France, and exported thence into the United Kingdom,

Single, each, ... $\frac{1}{2}$d.
Bound or sewn, the dozen, . . . 1$\frac{1}{2}$d.

And the right honourable the Lords Commissioners of her Majesty's Treasury are to give the necessary directions herein accordingly.

(Signed)   WM. L. BATHURST.

Et attendu que sa Majesté a, ce jourd'hui, en vertu des pouvoirs dont elle est revêtue à cet effet, declaré que les auteurs, inventeurs, dessinateurs, graveurs, et tous ceux qui font des livres, des gravures, et certaines autres œuvres d'art, publiées pour la première fois en France jouiront du droit de propriété sur leurs productions:

En conséquence, sa Majesté, d'après l'avis et avec le consentement de son Conseil Privé, et en vertu de l'autorité dont elle est revêtue par l'acte précité, ordonne, et il est par ces présentes ordonné, qu'à partir du 17e jour de janvier, 1852, qu'aux droits de douane qui existent maintenant sur les livres, les gravures, et les dessins, publiés en quelque lieu que ce soit du territoire Français et qu'on exporte de là dans le Royaume Uni, seront substitués les droits de douane suivants, savoir:

Sur les livres, c'est à dire les ouvrages originairement publiés dans le Royaume Uni, et publiés de nouveau en quelque lieu que ce soit du territoire français, et exportés de là dans le Royaume Uni, un droit de 2 livres sterling 10 shillings (62 f. 50 c.) par quintal anglais.

Sur les ouvrages publiés ou réimprimés en quelque lieu que ce soit du territoire français, et exportés de là dans le Royaume Uni, et qui ne sont pas des ouvrages originairement publiés dans le Royaume Uni, un droit de 15 shillings (18 f. 75 c.) par quintal anglais.

Sur les gravures et les dessins, coloriés ou non, publiés en quelque lieu que ce soit du territoire de France et exportés de là dans le Royaume Uni,

Pour chaque, ... $\frac{1}{2}$ penny (5 c.)
Reliés ou brochés, par douzaine, . . $1\frac{1}{2}$ penny (15 c.)

Et les très honorables Lords Commissaires de la Trésorerie de sa Majesté donneront les ordres nécessaires pour l'exécution des présentes.

(Signé) WM. L. BATHURST.

APPENDIX.

No. I.

THE 7 & 8 VICT. C. 12.

An Act to amend the Law relating to International Copyright. Passed the 10th May, 1844.

WHEREAS by an Act passed in the session of parliament held in the first and second years of the reign of her present Majesty, intituled "An Act for securing to Authors in certain cases the benefit of International Copyright" (and which act is hereinafter, for the sake of perspicuity, designated as "the International Copyright Act"), her Majesty was empowered by order in council to direct that the authors of books which should after a certain time, to be specified in such order in council, be published in any foreign country, to be specified in such order in council, and their executors, administrators, and assigns, should have the sole liberty of printing and reprinting such books within the British dominions for such term as her Majesty should by such order in council direct, not exceeding the term which authors, being British subjects, were then (that is to say), at the time of passing the said act, entitled to in respect of books first published in the United Kingdom; and the said act contains divers enactments securing to authors and their representatives the copyright in the books to which any such order in council should extend: And whereas an act was passed in the session of parliament held in the fifth and sixth years of the reign of her present Majesty, intituled "An Act to amend the Law of Copyright" (and which act is hereinafter,

1 & 2 Vict. c. 59.

5 & 6 Vict. 45.

APPENDICE.

I.

ACTE DES 7 ET 8 ANNÉES DU REGNE DE VICT.
CH. 12 pour modifier la Loi internationale
sur la propriété des œuvres de littérature
et d'art.   Passé le 10 mai, 1844.

ATTENDU que par un acte passé pendant la session
du parlement, des première et deuxième années du
règne de sa Majesté actuelle, intitulé, " Acte pour Ch. 59.
assurer dans de certains cas aux auteurs le bénéfice
du droit international de propriété sur les œuvres de
littérature ou d'art" (lequel acte est ci-après désigné,
pour plus de clarté, sous le titre d' " Acte sur le droit
international de propriété littéraire"), sa Majesté a
été autorisée, par ordonnance du conseil a décréter
que les auteurs, dont les livres seraient à une époque
future (laquelle doit être spécifiée par la dite ordonnance du conseil), publiés en pays étrangers (specifiés
aussi par la dite ordonnance du conseil), et leurs exécuteurs testamentataires, représentants, ou ayants-
cause, auraient le droit exclusif d'imprimer et de
réimprimer de tels livres dans l'étendue du territoire
anglais, pendant un laps de temps que sa Majesté
fixerait d'après l'ordonnance du conseil, mais qui
ne dépasserait pas celui dont auraient joui des
auteurs, sujets anglais, à l'époque de la promulgation du dit acte, par rapport aux ouvrages publiés
pour la première fois dans le Royaume Uni ; et que
le dit acte contient diverses clauses qui assurent aux
auteurs et à leurs représentants la propriété des
ouvrages auxquels s'applique la dite ordonnance du
Conseil : Et attendu qu'un acte passé dans la session

for the sake of perspicuity, designated as " the Copyright Amendment Act"), repealing various acts therein mentioned relating to the copyright of printed books, and extending, defining, and securing to authors and their representatives the copyright of books. And whereas an act was passed in the session of parliament held in the third and fourth years of the reign of his late Majesty King William IV., intituled " An Act to amend the laws relating to Dramatic Literary Property" (and which act is hereinafter, for the sake of perspicuity, designated as " the Dramatic Literary Property Act"), whereby the sole liberty of representing, or causing to be represented, any dramatic piece in any place of dramatic entertainment in any part of the British dominions, which should be composed and not printed or published by the author thereof or his assignee, was secured to such author or his assignee; and by the said act it was enacted, that the author of any such production which should thereafter be printed and published, or his assignee, should have the like sole liberty of representation until the end of twenty-eight years from the first publication thereof : And whereas by the said Copyright Amendment Act, the provisions of the said Dramatic Literary Property Act, and of the said Copyright Amendment Act, were made applicable to musical compositions ; and it was thereby also enacted, that the sole liberty of representing or performing, or causing or permitting to be represented or performed, in any part of the British dominions, any dramatic piece or musical composition, should endure and be the property of the author thereof, and his assigns, for the term in the said Copyright Amendment Act provided for the duration of the copyright in books; and that the provisions therein enacted in respect of the property of such copyright should apply to the liberty of representing or performing any dramatic piece or musical composition : and whereas under or by virtue of the four several acts next hereinafter mentioned (that is to say), an act passed in the eighth year of the reign of his late Majesty King George II., intituled " An Act for the Encouragement of the Arts of designing, engraving, and etching historical and other Prints, by vesting the properties thereof in the

3 & 4 W. 4, c. 15.

8 G. 2, c. 13.

du parlement durant les 5ᵉ et 6ᵉ années du régne de
sa Majesté actuelle, intitulé, "Acte d'amendement Ch. 45.
de la Loi sur la propriété littéraire" (lequel acte est
ci-après, pour plus de clarté, désigné sous le nom d'
"Acte d'amendement de la Loi sur la propriété littéraire"), annulant divers actes y mentionnés ayant
rapport au droit de propriété sur les livres imprimés,
et étendant, définissant, et assurant aux auteurs et à
leurs ayants-cause la propriété de livres : Et attendu
qu'un acte passé dans la session du parlement durant
les 3ᵉ et 4ᵉ années du règne de feu sa Majesté le Roi
Guillaume IV., intitulé "Acte pour modifier les lois Ch. 15.
sur la propriété littéraire des œuvres dramatiques"
(et lequel acte est ci-après désigné, pour plus de
clarté, sous le titre d' "Acte sur la propriété littéraire
des œuvres dramatiques"), par suite duquel l'auteur
ou son ayant-cause avait le droit exclusif de représenter ou de faire réprésenter une œuvre dramatique
quelconque dans un endroit public à ce destiné dans
quelque partie que se soit des Etats Britanniques, qui
aurait été composée et non imprimée ou publiée par
l'auteur d'icelle ou son ayant-cause ; et que par le
dit acte il a été ordonné que l'auteur de semblables
productions qui seraient par la suite imprimées et
publiées, ou son ayant-cause, auraient le droit exclusif de les faire réprésenter pendant vingt-huit ans
à partir du jour de la publication d'icelles : Et
attendu que par l'acte de modification de la loi sur la
propriété littéraire, les clauses du dit acte sur la propriété des œuvres dramatiques, et celles de l'acte de
modification sus-mentionnée sont applicables aux
compositions musicales ; et qu'en conséquence il a été
aussi ordonné, que le droit exclusif de réprésenter ou
jouer, ou de faire réprésenter ou de permettre qu'on
réprésente, dans quelque partie que ce soit des Etats
Britanniques, une pièce dramatique ou une œuvre
musicale resterait et appartiendrait en propre à
l'auteur d'icelle et à ses ayants-cause pendant l'espace de temps fixé, dans le dit acte de modification
sur la loi de propriété littéraire, pour la durée du
droit de propriété sur les livres, et que les clauses du
dit acte qui s'appliquent au droit de cette propriété
littéraire, s'appliqueraient au droit de représenter ou
jouer une œuvre quelconque dramatique ou musicale :

inventors or engravers during the time therein mentioned"; an act passed in the seventh year of his late
7 G. 3, c. 38.
Majesty King George III., intituled " An Act to amend and render more effectual an Act made in the eighth year of the reign of King George II., for Encouragement of the Arts of designing, engraving, and etching historical and other prints; and for vesting in and securing to Jane Hogarth, widow, the property in certain Prints"; an act passed in the seventeenth year of the reign of his late Majesty King George
17 G. 3, c. 57.
III., intituled " An Act for more effectually securing the property of Prints to Inventors and Engravers, by enabling them to sue for and recover penalties in certain cases"; and an act passed in the session of parliament held in the sixth and seventh years of the reign of his late Majesty King William IV., intituled
6 & 7 W. 4, c. 59.
" An Act to extend the Protection of Copyright in Prints and Engravings to Ireland" (and which said four several acts are hereinafter, for the sake of perspicuity, designated as the " Engraving Copyright Acts"); every person who invents or designs, engraves, etches, or works in mezzotinto or chiaro-oscuro, or from his own work, design, or invention, causes, or procures to be designed, engraved, etched, or worked in mezzotinto or chiaro-oscuro any historical print or prints, or any print or prints of any portrait, conversation, landscape, or architecture, map, chart, or plan, or any other print or prints whatsoever, and every person who engraves, etches, or works in mezzotinto or chiaro-oscuro, or causes to be engraved, etched, or worked, any print taken from any picture, drawing, model, or sculpture, either ancient or modern, notwithstanding such print shall not have been graven or drawn from the original design of such graver, etcher, or draftsman, is entitled to the copyright of such print for the term of twenty-eight years from the first publishing thereof; and by the said several engraving copyright acts, it is provided that the name of the proprietor shall be truly engraved on each plate, and printed on every such print, and remedies are provided for the infringement of such copyright: and whereas under and by virtue of an act passed in the thirty-eighth year of the reign of
38 G. 3, c. 71.
his late Majesty King George III., intituled " An

Et attendu qu'en conséquence des quatre actes ci-
après désignés, c'est-à-dire, l'acte passé dans la 8ᵉ
année du règne de George II., intitule, "Acte pour Ch. 13.
encourager les arts du dessin, de la gravure au burin
et de la gravure à l'eau-forte, de tableaux de sujets
d'historiques, ou autres, et assurer la propriété de
ces œuvres aux inventeurs ou aux graveurs pendant
un temps déterminé;" l'acte passé dans la 7ᵉ année du
règne de feu sa Majesté le Roi George III., intitulé,
"Acte pour modifier et rendre plus efficace un acte Ch. 38.
décrété durant la 8ᵉ année du règne de Roi George
II., dans le but d'encourager les arts du dessin, de
la gravure au burin, et de la gravure à l'eau forte de
sujets historiques ou autres; et pour assurer à la veuve
Jane Hogarth, la propriété de certaines gravures;
l'acte promulgué dans la 17ᵉ année du règne de feu
sa Majesté le Roi George III., intitulé, "Acte pour Ch. 57.
assurer d'une manière plus certaine la propriété des
gravures aux auteurs et aux graveurs, et leur donner
dans certains cas le droit de poursuivre en justice et
d'obtenir des dommages-intérêts;" et l'acte passé
dans la session du parlement tenu dans les 6ᵉ et 7ᵉ années du règne de feu sa Majesté le Roi Guillaume IV.,
intitulé, "Acte pour étendre à l'Irlande la protection Ch. 59.
du droit de propriété sur les gravures et les estampes"
(lesquels quatre actes sont ci-après nommés pour
plus de clarté, "Les Actes sur la propriété des Gravures"); quiconque invente, dessine, grave au burin
ou à l'eau forte, ou à la manière noire, ou fait dessiner, graver au burin, à l'eau-forte, ou à la manière
noire d'après son ouvrage son dessin ou sa composition, une ou plusieurs gravures d'un sujet historique,
une ou plusieurs gravures d'un portrait, d'une conversation, d'un paysage, d'un morceau d'architecture, d'une carte, d'un plan, ou de quelque gravure
que ce soit, et quiconque grave au burin ou à l'eau-
forte ou à la manière noire, ou fait graver au burin à
l'eau-forte ou exécuter à la manière noire la gravure
d'un tableau, d'un dessin, d'un modèle, d'une sculpture de l'art ancienne ou moderne, quoique la dite
gravure n'ait point été gravée ou dessinée d'après le
dessin original du graveur au burin ou à l'eau-
forte, ou du dessinateur, acquiert le droit de propriété
sur cette gravure pour vingt-huit ans à commencer

Act for Encouraging the art of making new Models
and Casts of Busts and other things therein mentioned"; and of an act passed in the fifty-fourth year of the
reign of his late Majesty King George III., intituled
54 G. 3, c. 56. "An Act to amend and render more effectual an
Act of his present Majesty, for Encouraging the Art
of making new Models and Casts of Busts, and other
things therein mentioned, and for giving further
Encouragement to such Arts." (and which said acts
are, for the sake of perspicuity, hereinafter designated
as "the Sculpture Copyright Acts"), every person who
makes, or causes to be made, any new and original
sculpture, or model, or copy, or cast, of the human
figure, any bust, or part of the human figure, clothed
in drapery or otherwise, any animal, or part of any
animal combined with the human figure or otherwise, any subject, being matter of invention in sculpture, any alto or basso-relievo, representing any of
the matters aforesaid, or any cast from nature of the
human figure or part thereof, or of any animal or
part thereof, or of any such subject representing any
of the matters aforesaid, whether separate or combined, is entitled to the copyright in such new and
original sculpture, model, copy, and cast, for fourteen
years from first putting forth and publishing the
same, and for an additional period of fourteen years
in case the original maker is living at the end of the
first period; and by the said acts it is provided that
the name of the proprietor, with the date of the publication thereof, is to be put on all such sculptures,
models, copies, and casts, and remedies are provided
for the infringement of such copyright: and whereas
the powers vested in her Majesty by the said International Copyright Act, are insufficient to enable
her Majesty to confer upon authors of books first
published in foreign countries copyright of the like
duration, and with the like remedies for the infringement thereof, which are conferred and provided
by the said Copyright Amendment Act with respect
to authors of books first published in the British
dominions; and the said International Copyright Act
does not empower her Majesty to confer any exclusive right of representing or performing 'dramatic
pieces or musical compositions first published in

du jour de la publication d'icelle; et par ces divers
actes sur la propriété des gravures il est exigé, que le
nom du propriétaire soit dûment gravé sur chaque
planche, et imprimé sur chaque exemplaire, et ces actes
fournissent les moyens de rémédier aux infractions
de ce droit de propriété : Et attendu qu'en conséquence
d'un acte promulgué dans la 38e année du règne de
feu sa Majesté le Roi George III., intitulé, " Acte Ch. 38.
pour encourager l'art de faire des modèles et des
moules de bustes et d'autres objets y mentionnés ;" et
d'un acte promulgué dans la 54e année du règne de
feu sa Majesté le Roi George III., intitulé, " Acte Ch. 56.
pour modifier et rendre plus efficace un acte de sa
Majesté actuelle, pour encourager l'art de faire de
nouveaux modèles et des moules de bustes et d'autres
objets y mentionnés, et pour donner de nouveaux en-
couragements aux arts de cette espèce" (et lesquels
actes sont, pour plus de clarté, appelés ci-après
"Actes sur la propriété des objets de Sculpture");
quiconque fait ou fait faire un morceau de sculpture
nouveau et original, ou un modèle, une copie, ou un
moule du corps humain, un buste ou une partie
du corps humain, recouvert ou non de draperies, un
animal, ou partie d'un animal quelconque combiné
avec le corps humain, ou de toute autre façon, un
sujet quelconque produit de l'invention en sculpture, un haut ou bas-relief, representant une des
désignations ci-dessus, ou un moule quelconque
d'après nature du corps humain, ou d'une portion
du corps, ou d'un animal quelconque, ou d'une
partie de cet animal, ou de quelque sujet que ce soit
représentant un des objets ci-dessus désignés, soit
en groupe ou séparément, acquiert un droit de propriété sur ces ouvrages nouveaux et originaux de
sculpture, ces modèles, ces copies, et ces moules pour
quatorze ans à partir de leur production et mise en
vente, et la prolongation de ce droit pour quatorze
autres années dans le cas où le premier producteur
serait encore vivant à la fin de la première période;
et les dits actes exigent que le nom du propriétaire, et
la date de la publication soient mis sur ces sculptures,
modèles, copies et moules, et ils donnent les moyens
de réprimer les atteintes portées au droit de propriété
sur ces objets: Et attendu que les pouvoirs conférés

foreign countries upon the authors thereof, nor to extend the privilege of copyright to prints and sculpture first published abroad; and it is expedient to vest increased powers in her Majesty in this respect, and for that purpose to repeal the said International Copyright Act, and to give such other powers to her Majesty, and to make such further provisions, as are hereinafter contained: be it therefore enacted by the Queen's most excellent Majesty, by and with the advice and consent of the Lords spiritual and temporal, and Commons, in this present parliament assembled, and by the authority of the same, that the said recited act herein designated as the International Copyright Act, shall be, and the same is hereby repealed.

Repeal of International Copyright Act.

II. And be it enacted, That it shall be lawful for her Majesty, by any order of her Majesty in Council, to direct that, as respects all or any particular class or classes of the following works, namely, books, prints, articles of sculpture, and other works of art, to be defined in such order, which shall after a future time, to be specified in such order, be first published in any foreign country to be named in such order, the authors, inventors, designers, engravers, and makers thereof respectively, their respective executors, administrators, and assigns, shall have the privilege of copyright therein during such period, or respective periods, as shall be defined in such order, not exceeding, however, as to any of the abovementioned works, the term of copyright which authors,

Her Majesty, by order in council, may direct that authors, &c., of works first published in foreign countries shall have copyright therein within her Majesty's dominions.

à sa Majesté par le susdit acte sur la propriété des œuvres de littérature et d'art, ne donnent point à sa Majesté la possibilité de conférer aux auteurs de livres publiés d'abord en pays étrangers un droit de propriété d'une durée semblable, ni les même moyens de répression contre les infractions à la loi, à ce qui existe d'ailleurs aux termes de l'acte d'amendement de la loi sur la propriété littéraire, pour les auteurs de livres publiés d'abord dans les Etats Britanniques ; et le dit acte sur le droit international de propriété littéraire ne donne point à sa Majesté la faculté d'accorder aux auteurs le droit exclusif de représenter ou jouer des œuvres dramatiques ou des compositions musicales publiées d'abord en pays étranger, ni d'étendre le privilège de propriété à des gravures et des objets de sculpture publiés d'abord dans d'autres pays ; et il devient donc indispensable d'étendre les pouvoirs de sa Majesté, et dans ce but, de révoquer le dit acte sur le droit international de propriété littéraire, et de donner à sa Majesté des pouvoirs plus complets, et de faire d'autres stipulations dont on verra ci-après la teneur : Sa très excellente Majesté la Reine ordonne donc, d'après l'avis, le consentement et la sanction des lords spirituels et temporels, et de la chambre des communes, en ce présent parlement assemblés, que le dit acte désigné sous l'appellation de l'acte sur le droit international de propriété littéraire soit revoqué, et le dit acte est ici révoqué et annulé.

Révocation de l'acte sur le droit international du propriété littéraire.

II. Il est arrêté, Que sa Majesté aura le droit, par suite d'une ordonnance émanée de sa Majesté en son Conseil, d'ordonner que toutes les classes d'ouvrages ci-aprés désignées considérées collectivement ou séparément, et comprenant les livres, les gravures, les sculptures, et les autres objets d'arts définis dans la dite ordonnance, qui seront pour la première fois publiés et mis au jour (après une époque indiquée dans la susdite ordonnance) dans tel pays étranger que l'ordonnance mentionnera, donneront respectivement aux auteurs, inventeurs, dessinateurs, graveurs, et producteurs des dites œuvres, et à leurs exécuteurs testamentaires, fondés de pouvoirs, et ayants-cause respectifs, le privilège de la propriété des dites productions, pendant tout le temps qui aura été fixé par

Pouvoir de sa Majesté par ordonnance du Conseil, d'ordonner que les auteurs, &c., aient le droit de propriété littéraire d'ouvrages publiés pour la première fois en pays étranger.

inventors, designers, engravers, and makers of the like works respectively first published in the United Kingdom, may be then entitled to under the hereinbefore recited acts respectively, or under any acts which may hereafter be passed in that behalf.

If the order applies to books, the Copyright Law as to books first published in this country shall apply to the books to which the order relates, with certain exceptions.

III. And be it enacted, That in case any such order shall apply to books, all and singular the enactments of the said Copyright Amendment Act, and of any other act for the time being in force with relation to the copyright in books first published in this country, shall, from and after the time so to be specified in that behalf in such order, and subject to such limitation as to the duration of the copyright as shall be therein contained, apply to and be in force in respect of the books to which such order shall extend, and which shall have been registered as hereinafter is provided, in such and the same manner as if such books were first published in the United Kingdom, save and except such of the said enactments, or such parts thereof, as shall be excepted in such order, and save and except such of the said enactments as relate to the delivery of copies of books at the British Museum, and to or for the use of the other libraries mentioned in the said Copyright Amendment Act.

If the order applies to prints, sculptures, &c.,the Copyright Law as to prints or sculptures first published in this country shall apply to the prints, sculptures, &c., to which such order relates.

IV. And be it enacted, That in case any such order shall apply to prints, articles of sculpture, or to any such other works of art as aforesaid, all and singular the enactments of the said engraving copyright acts, and the said sculpture copyright acts, or of any other act for the time being in force with relation to the copyright in prints or articles of sculpture first published in this country, and of any act for the time being in force with relation to the copyright in any similar works of art first published in this country, shall, from and after the time so to be specified in that behalf in such order, and subject to such limitation as to the duration of the copyright as shall be therein contained respectively, apply to and be in force in respect of the prints, articles of sculpture, and other

la dite ordonnance sans prolonger cependant, quant à ce qui concerne les ouvrages ci-dessus mentionnés, la durée du droit de propriété conféré aux auteurs, inventeurs, dessinateurs, graveurs, et producteurs de semblables ouvrages publiés d'abord dans le Royaume Uni, par chacun des actes ci-dessus mentionnés, ou par quelque acte que ce soit qui se rapporte à cette question de propriété des œuvres de littérature et d'art.

III. Il est arrêté, Que dans le cas où une telle ordonnance s'appliquerait aux livres, toutes les clauses du dit acte d'amendement de la loi sur la propriété littéraire, et celles de tout autre acte temporairement en vigueur qui se rapporterait au droit de propriété sur les livres publiés d'abord dans ce pays, devront, à partir de l'époque spécifiée à cet égard dans une telle ordonnance, et limitée à la durée du droit de propriété selon les termes de la dite ordonnance, être mises en vigueur, et s'appliquer aux livres dont la dite ordonnance aura fait mention, et qui auront été enregistrés ainsi qu'il a été réglé ci-après, de la même manière que si ces livres étaient publiés pour la première fois dans le Royaume Uni, excepté telles des dites clauses, ou parties d'icelles qui n'auraient point été comprises dans la dite ordonnance et excepté encore celles des clauses qui ont rapport au depôt d'exemplaires au Musée Britannique, ou aux autres bibliothèques, indiquées dans l'Acte d'amendement de la loi sur la propriété littéraire.

> Si l'ordonnance s'applique à des livres, la loi sur la propriété littéraire quant à ce qui concerne les livres publiés pour la première fois en Angleterre s'appliquera aux livres auxquels l'ordonnance se rapporte avec quelques exceptions.

IV. Il est arrêté, Que dans le cas où un tel ordre s'appliquerait aux gravures, morceaux de sculpture, ou à tout autre objet d'art comme on l'a déjà dit, toutes les clauses des dits actes sur la propriété des gravures et des objets de sculpture, ou de tout autre acte temporairement en vigueur qui se rapporterait au droit de propriété sur les gravures ou objets de sculpture publiés d'abord dans ce pays, ou de tout acte temporairement en vigueur qui se rapporterait au droit de propriété sur toutes les œuvres d'art semblables publiées d'abord dans ce pays, devront, à partir de l'époque specifiée à cet égard dans une telle ordonnance et limitée à la durée du droit de propriété ainsi qu'il résultera des termes de dite ordonnance, être en vigueur et s'appliquer aux gravures, objets de sculp-

> Si l'ordonnance a rapport aux gravures, aux sculptures, &c., la loi sur la propriété des gravures et des sculptures publiées pour la première fois dans ce pays, s'appliquera aux gravures, sculptures, &c., aux quelles la dite ordonnance se rapporte.

works of art to which such order shall extend, and which shall have been registered as hereinafter is provided, in such and the same manner as if such articles and other works of art were first published in the United Kingdom, save and except such of the said enactments, or such parts thereof, as shall be excepted in such order.

Her Majesty may, by order in council, direct that authors and composers of dramatic pieces and musical compositions first publicly represented and performed in foreign countries shall have similar rights in the British dominions.

V. And be it enacted, That it shall be lawful for her Majesty, by any order of her Majesty in Council, to direct that the authors of dramatic pieces and musical compositions which shall after a future time, to be specified in such order, be first publicly represented or performed in any foreign country to be named in such order, shall have the sole liberty of representing or performing in any part of the British dominions such dramatic pieces or musical compositions during such period as shall be defined in such order, not exceeding the period during which authors of dramatic pieces and musical compositions first publicly represented or performed in the United Kingdom may for the time be entitled by law to the sole liberty of representing and performing the same; and from and after the time so specified in any such last-mentioned order the enactments of the said Dramatic Literary Property Act, and of the said Copyright Amendment Act, and of any other act for the time being in force with relation to the liberty of publicly representing and performing dramatic pieces or musical compositions, shall, subject to such limitation as to the duration of the right conferred by any such order as shall be therein contained, apply to and be in force in respect of the dramatic pieces and musical compositions to which such order shall extend, and which shall have been registered as herein-after is provided, in such and the same manner as if such dramatic pieces and musical compositions had been first publicly represented and performed in the British dominions, save and except such of the said enactments or such parts thereof as shall be excepted in such order.

Particulars to be observ-

VI. Provided always, and be it enacted, That no author of any book, dramatic piece, or musical com-

ture, et autres œuvres d'art dont la dite ordonnance aura fait mention, et qui auront été enregistrés ainsi qu'il est réglé ci-après, de la même manière que si ces objets et autres œuvres d'art étaient publiés pour la première fois dans le Royaume Uni, excepté telles des dites clauses, ou parties d'icelles qui n'auraient point été comprises dans la dite ordonnance.

V. Il est arrêté, Que sa Majesté aura le droit, par suite d'une ordonnance rendue par dela sa Majesté en son conseil, d'ordonner que les auteurs de pièces dramatiques et de compositions musicales qui seront pour la première fois publiquement représentées ou jouées (après une époque indiquée dans la susdite ordonnance) dans tel pays étranger que l'ordonnance mentionnera, auront le droit exclusif de représenter ou de jouer dans toutes les parties des Etats Britanniques de telles pièces dramatiques ou de telles compositions musicales pendant une période qui sera fixée dans l'ordonnance, mais qui n'excédera pas la période pendant laquelle les auteurs de pièces dramatiques et de compositions musicales représentées ou jouées pour la première fois en public dans le Royaume Uni, peuvent jouir d'après la loi, du droit exclusif de représenter et jouer les dits ouvrages; et à partir de l'époque specifiée dans toute ordonnance analogue à celle qui a été mentionné plus haut, les clauses du dit acte sur la propriété littéraire des œuvres dramatiques et du dit acte d'amendement sur le droit de propriété littéraire et de tout autre acte temporairement en vigueur qui se rapporterait au droit de représenter et de jouer en public des pièces dramatiques ou des compositions musicales, devront, dans les limites de la durée du droit mentionnés dans l'ordonnance être mises eu vigueur, et s'appliquer aux pièces dramatiques et aux compositions musicales dont l'ordonnance aura fait mention, et qui auront été enregistrées ainsi qu'il a été réglé ci-après, de la même manière que si ces pièces dramatiques et ces compositions musicales eussent été d'abord représentées et jouées en public dans les Etats Britanniques, excepté telles des dites clauses, ou parties d'icelles qui ne seraient point comprises dans la dite ordonnance.

VI. Il est bien entendu et il est arrêté, Qu'aucun auteur de livres, de pièces dramatiques, ou de compo-

Sa Majesté peut, par ordonnance du Conseil décréter que les auteurs et compositeurs de pièces dramatiques et d'œuvres musicales, representées et jouées pour la première fois en pays etranger, jouiront des mêmes droits dans les Etats Britanniques.

Conditions à observer

ed as to regis-
try and to
delivery of
copies. position, or his executors, administrators, or assigns, and no inventor, designer, or engraver of any print, or maker of any article of sculpture, or other work of art, his executors, administrators, or assigns, shall be entitled to the benefit of this act, or of any order in Council to be issued in pursuance thereof, unless within a time or times to be in that behalf prescribed in each such order in Council, such book, dramatic piece, musical composition, print, article of sculpture, or other work of art, shall have been so registered, and such copy thereof shall have been so delivered as herein-after is mentioned; (that is to say), as regards such book, and also such dramatic piece or musical composition, (in the event of the same having been printed), the title to the copy thereof, the name and place of abode of the author or composer thereof, the name and place of abode of the proprietor of the copyright thereof, the time and place of the first publication, representation, or performance thereof, as the case may be, in the foreign country named in the order in Council under which the benefits of this act shall be claimed, shall be entered in the register book of the Company of Stationers in London, and one printed copy of the whole of such book, and of such dramatic piece or musical composition, in the event of the same having been printed, and of every volume thereof, upon the best paper upon which the largest number or impression of the book, dramatic piece, or musical composition, shall have been printed for sale, together with all maps and prints relating thereto, shall be delivered to the officer of the Company of Stationers, at the Hall of the said company; and as regards dramatic pieces and musical compositions in manuscript, the title to the same, the name and place of abode of the author or composer thereof, the name and place of abode of the proprietor of the right of representing or performing the same, and the time and place of the first representation or performance thereof in the country named in the order in Council under which the benefit of the act shall be claimed, shall be entered in the said register book of the said Company of Stationers in London; and as regards prints, the title thereof, the name and place of abode of the inventor, designer, or engraver thereof, the

sitions musicales, ou ses exécuteurs testamentaires, pour l'en-
représentants, ou ayants-cause, ni aucun inventeur, registrement
dessinateur, ou graveur d'estampes ou gravures, et le dépôt
ni aucun fabricant ou artiste d'objets de sculpture, des exem-
plaires.
ou autres objets d'art, ou ses exécuteurs testamen-
taires, représentants, ou ayants-cause, n'auront le
droit de réclamer le bénéfice du présent acte, ou des
ordonnances du Conseil publiées à cet effet, à moins
que, dans un temps prescrit dans ce cas par les ordonnances du Conseil, de tels livres, pièces dramatiques,
compositions musicales, gravures, estampes, morceaux
de sculpture, ou autres œuvres d'art, aient été enregistrés, et des exemplaires ou des copies des dits ouvrages
aient été déposés ainsi qu'il est réglé ci-après; c'est
à dire, quant à ce qui concerne les livres et les pièces
dramatiques ou les compositions musicales, (dans le
cas où ces sortes d'ouvrages auraient été imprimés),
le titre de l'exemplaire, le nom et la demeure de
l'auteur ou du compositeur, le nom et la demeure de
celui à qui appartient le droit de propriété, l'époque
et le lieu de la première publication, représentation,
ou exécution, selon la nature de l'ouvrage, dans le
pays étranger indiqué dans l'ordonnance du Conseil
en vertu de laquelle le benéfice du présent acte serait
réclamé, seront inscrits au registre de la Corporation
des Libraires (Stationers' Hall) à Londres, et un
exemplaire imprimé et complet du livre, de la pièce
dramatique ou de la composition musicale (dans le
cas où l'ouvrage aurait été imprimé) et de chaque
volume du dit ouvrage, sur le meilleur papier sur
lequel ou aura imprimé le plus grand nombre d'exemplaires destinés à la vente de ce livre, de cette
pièce dramatique, ou de cette composition musicale, y
compris les cartes et gravures que en font partie,
sera déposé entre les mains du fonctionnaire de la
Corporation des Libraires, à l'hôtel de la dito Corporation; et quant à ce qui concerne les pièces dramatiques et les compositions musicales en manuscrit,
le titre de l'ouvrage, le nom et la demeure de l'auteur ou du compositeur, le nom et la demeure
de celui à qui appartient le droit de faire représenter ou jouer le dit ouvrage, l'époque et l'endroit
de la première representation ou exécution dans
le pays indiqué dans l'ordonnance du Conseil en

G

name of the proprietor of the copyright therein, and
the time and place of the first publication thereof in
the foreign country named in the order in Council
under which the benefits of the act shall be claimed,
shall be entered in the said register book of the said
Company of Stationers in London, and a copy of such
print, upon the best paper upon which the largest
number or impressions of the print shall have been
printed for sale, shall be delivered to the officer of the
company of Stationers, at the Hall of the said company; and as regards any such article of sculpture,
or any such other work of art as aforesaid, a descrip-
tive title thereof, the name and place of abode of the
maker thereof, the name of the proprietor of the copyright therein, and the time and place of its first publication in the foreign country named in the order in
Council under which the benefit of this act shall be
claimed, shall be entered in the said register book of
the said Company of Stationers in London; and the
officer of the said Company of Stationers receiving
such copies so to be delivered as aforesaid shall give
a receipt in writing for the same, and such delivery
shall to all intents and purposes be a sufficient delivery under the provisions of this act.

In case of
books pub-
lished anony-
mously, the
name of the
publisher to
be sufficient.

VII. Provided always, and be it enacted, That if a
book be published anonymously, it shall be sufficient
to insert in the entry thereof in such register book
the name and place of abode of the first publisher
thereof, instead of the name and place of abode of
the author thereof, together with a declaration that
such entry is made either on behalf of the author or
on behalf of such first publisher, as the case may
require.

The provi-
sions of the
Copyright
Amendment

VIII. And be it enacted, That the several enactments in the said Copyright Amendment Act contained with relation to keeping the said register book,

vertu de laquelle le bénéfice du présent acte serait réclamé, seront inscrits au dit registre de la dite Corporation des Libraires à Londres; et quant à ce qui concerne les gravures, il est aussi de rigueur que le titre, le nom et la demeure de l'inventeur, dessinateur, ou graveur, le nom de celui à qui appartient le droit de propriété, et l'époque et le lieu de la première publication dans le pays étranger indiqué dans l'ordonnance du Conseil en vertu de laquelle le bénéfice du présent acte serait réclamé, soient inscrits au dit registre de la dite Corporation des Libraires à Londres, et qu'un exemplaire de la dite gravure sur le meilleur papier sur lequel on aura imprimé le plus grand nombre d'exemplaires destinés à la vente, soit déposé entre les mains du fonctionnaire de la Corporation des Libraires à l'hôtel de la dite Corporation; et quant à ce qui concerne les morceaux de sculpture, ou telles autres œuvres d'art, comme il est dit plus haut, il faut aussi que le titre descriptif, le nom et la demeure de l'artiste ou du fabricant, le nom et la demeure de celui à qui appartient le droit de propriété, et l'époque et le lieu de la première publication dans le pays étranger désigné dans l'ordonnance du Conseil en vertu de laquelle le bénéfice du présent acte serait réclamé, soient inscrits au dit registre de la dite Corporation des Libraires à Londres; et le fonctionnaire de la dite Corporation des Libraires en recevant les exemplaires ou copies qu'on déposera entre ses mains ainsi qu'il vient d'être expliqué, donnera un reçu par écrit des dits exemplaires ou copies, et un dépôt fait de cette manière sera dans tous les cas et à tous égards un dépôt régulier en conformité avec la teneur du présent acte.

VII. Il est bien entendu et il est arrêté, Que si un livre est publié sous le voile de l'anonyme, il suffira, en le faisant porter sur lo registre des Libraires, d'inscrire en même temps le nom et la demeure du premier éditeur au lieu du nom et de la demeure de l'auteur de ce livre, et de déclarer en outre que l'enregistrement est fait ou en faveur de l'auteur ou en faveur du premier éditeur, selon que le cas écherra. *Dans le cas où les livres sont publiés sous le voile de l'anonyme, le nom de l'éditeur suffit.*

VIII. Et il est arrêté, Que les divers articles du dit acte d'amendement de la loi sur la propriété littéraire, qui se rapportent à la tenue du registre sus men- *Les clauses de l'acte d'amendement de la*

Act as regards entries in the register book of the company of stationers, &c., to apply to entries under this act.

and the inspection thereof, the searches therein, and the delivery of certified and stamped copies thereof, the reception of such copies in evidence, the making of false entries in the said book, and the production in evidence of papers falsely purporting to be copies of entries in the said book, the applications to the courts and judges by persons aggrieved by entries in the said book, and the expunging and varying such entries, shall apply to the books, dramatic pieces, and musical compositions, prints, articles of sculpture, and other works of art, to which any order in council issued in pursuance of this act shall extend, and to the entries and assignments of copyright and proprietorship therein, in such and the same manner as if such enactments were here expressly enacted in relation thereto, save and except that the forms of entry prescribed by the said Copyright Amendment Act may be varied to meet the circumstances of the case, and that the sum to be demanded by the officer of the said company of stationers for making any entry required by this act shall be one shilling only.

As to expunging or varying entry grounded in wrongful first publication.

IX. And be it enacted, That every entry made in pursuance of this act of a first publication shall be *primâ facie* proof of a rightful first publication, and if there be a wrongful first publication, and any party have availed himself thereof to obtain an entry of a spurious work, no order for expunging or varying such entry shall be made unless it be proved to the satisfaction of the court, or of the judge taking cognizance of the application for expunging or varying such entry, first, with respect to a wrongful publication in a country to which the author or first publisher does not belong, and in regard to which there does not subsist with this country any treaty of international copyright, that the party making the application was the author or first publisher, as the case requires; second, with respect to a wrongful first publication either in the country where a rightful first publication has taken place, or in regard to which there subsists with this country a treaty of international copyright, that a court of competent jurisdiction in any such country where such wrongful first publication has taken place, has given judgment in favour of the right of the party claiming to be the author or first publisher.

tionné, à son inspection, aux recherches qu'on peut y faire, à la délivrance d'expéditions certifiées et timbrées, à la réception de telles expéditions pour faire foi en justice, aux faux enregistrements sur le dit registre, à la production en justice de documents qu'on voudrait faire passer pour des expéditions d'enregistrement sur le dit registre, aux requêtes adressées aux tribunaux et aux juges par des personnes lesées par suite d'enregistrements sur le dit registre, aux enregistrements qui auraient été falsifiés, altérés, ou effacés, s'appliqueront aux livres, pièces dramatiques, compositions musicales, gravures, morceaux de sculpture, et autres œuvres d'art, qui seraient désignés dans les ordonnances du Conseil publiées en conséquence du présent acte, et aux enregistrements et aux transmissions des droits de propriété, et à la possession d'iceux, de la même manière que si de telles clauses eussent été formulées ici à ce sujet, avec cette restriction que les formes d'enregistrement prescrites par le dit acte d'amendement de la loi sur la propriété littéraire, devront varier en raison des circonstances, et que la somme exigée par le fonctionnaire de la dite Corporation des Libraires pour opérer l'enregistrement prescrit par le présent acte ne sera que d'un shilling.

loi sur la propriété littéraire quant à ce qui regarde les enregistrements sur la registre de la Corporation des Libraires, &c., s'appliquent aux enregistrements faits en vertu du présent acte.

IX. Et il est arrêté, Que tout enregistrement d'une première publication fait en conséquence du présent acte devra être la preuve *primâ facie* d'une première publication régulière; mais s'il y a une première publication irrégulière, et que quelqu'un s'en soit servi pour obtenir l'enregistrement d'un ouvrage contrefait, il ne sera délivré d'ordre pour effacer ou altérer un tel enregistrement qu'après qu'on aura prouvé clairement au tribunal ou au juge ayant dans ses attributions la demande faite pour effacer ou altérer un tel enregistrement, 1o quant à ce qui concerne une publication irrégulière dans un pays auquel l'auteur ou le premier éditeur n'appartient pas, et par rapport auquel il n'existe point avec ce pays-ci de traité sur le droit international de propriété littéraire, que la partie intéressée qui faisait la demande était ou auteur ou premier éditeur, selon le cas ; 2o quant à ce qui concerne une première publication irrégulière soit dans le pays ou la première publication régulière a eu lieu, ou par rapport auquel

Stipulation concernant les enregistrements à effacer ou varier en consequence d'une edition fausse.

Copies of books wherein copyright is subsisting under this act printed in foreign countries other than those wherein the book was first published prohibited to be imported.

X. And be it enacted, That all copies of books wherein there shall be any subsisting copyright under or by virtue of this act, or of any order in council made in pursuance thereof, printed or reprinted in any foreign country except that in which such books were first published, shall be and the same are hereby absolutely prohibited to be imported into any part of the British dominions, except by or with the consent of the registered proprietor of the copyright thereof, or his agent authorized in writing, and if imported contrary to this prohibition, the same and the importers thereof shall be subject to the enactments in force relating to goods prohibited to be imported by any act relating to the customs; and as respects any such copies so prohibited to be imported, and also as respects any copies unlawfully printed in any place whatsoever of any books wherein there shall be any such subsisting copyright as aforesaid, any person who shall in any part of the British dominions import such prohibited or unlawfully printed copies, or who, knowing such copies to be so unlawfully imported or unlawfully printed, shall sell, publish, or expose to sale or hire, or shall cause to be sold, published, or exposed to sale or hire, or have in his possession for sale or hire, any such copies so unlawfully imported or unlawfully printed, such offender shall be liable to a special action on the case at the suit of the proprietor of such copyright, to be brought and prosecuted in the same courts and in the same manner, and with the like restrictions upon the proceedings of the defendant, as are respectively prescribed in the said Copyright Amendment Act with relation to actions thereby authorized to be brought by proprietors of copyright against persons importing or selling books unlawfully printed in the British dominions.

Officer of Stationers'

XI. And be it enacted, That the said officer of the said company of stationers shall receive at the hall of

il subsiste avec ce pays-ci un traité sur la matière, qu'un tribunal compétent dans un tel pays ou la première publication contrefaite a eu lieu, a rendu un jugement en faveur du droit de la partie intéressée qui prétend être l'auteur ou le premier éditeur.

X. Et il est arrêté, Que tous les exemplaires de livres, pour lesquels il existera un droit de propriété conféré par le présent acte, ou par une ordonnance du conseil rendue en conséquence, imprimés ou ré-imprimés dans un pays étranger excepté celui dans lequel de tels livres ont été publiés pour la première fois, ne seront, en vertu des présentes admis dans toute l'étendue des Etats Britanniques qu'avec le consentement de celui à qui appartient le droit de propriété et dont le nom est inscrit au registre, ou de son fondé de pouvoir par écrit, et si ces livres ont été importés contrairement à cette prohibition, les livres et ceux qui les auront importés seront soumis aux ré-glements en vigueur au sujet des marchandises dont on prohibe l'importation par les actes qui se rapportent aux douanes; et quant à ce qui concerne la prohibition d'importer de tels exemplaires, et aussi les exemplaires, imprimés en contrefaçon en quelque lieu que ce soit, de livres sur lesquels il existerait un droit de propriété, comme on vient de le dire plus haut, quiconque importera en quelque endroit que ce soit des Etats Britanniques de tels exemplaires prohibés ou imprimés en fraude, ou qui, sachant que de tels exemplaires sont importés ou imprimés en fraude, vendra, publiera, exposera pour vendre ou pour louer, ou aura en sa possession pour vendre ou pour louer de tels exemplaires importés ou imprimés en fraude, un tel délinquant sera exposé à une action spéciale en justice à la requête de celui à qui appartient le droit de propriété, laquelle action sera suivie devant les mêmes tribunaux et de la même manière, et avec les mêmes restrictions sur la conduite du défendeur, que celles qui sont prescrites par le dit acte d'amendement de la loi sur la propriéte littéraire par rapport aux poursuites qu'il autorise ceux qui ont de tels droits de propriété, à intenter contre les personnes qui importent ou vendent des livres imprimés en fraude dans les Etats Britanniques.

XI. Et il est arrêté, Que le dit le fonctionnaire de la dite corporation des libraires recevra à l'hôtel de la

Il est défendu d'importer des exemplaires de livres imprimés à l'étranger qui ont par le présent acte un droit de propriété littéraire à moins que les exemplaires ne viennent du pays même où l'ouvrage a été publié la première fois.

Le fonctionnaire de la

Company to deposit books, &c., in the British Museum.

the said company every book, volume, or print, so to be delivered as aforesaid, and within one calendar month after receiving such book, volume, or print, shall deposit the same in the library of the British Museum.

Second or subsequent editions.

XII. Provided always, and be it enacted, That it shall not be requisite to deliver to the said officer of the said stationers' company any printed copy of the second or of any subsequent edition of any book or books so delivered as aforesaid, unless the same shall contain additions or alterations.

Orders in Council may specify different periods for different foreign countries, and for different classes of works.

XIII. And be it enacted, That the respective terms to be specified by such orders in council respectively for the continuance of the privilege to be granted in respect of works to be first published in foreign countries, may be different for works first published in different foreign countries, and for different classes of such works; and that the times to be prescribed for the entries to be made in the register book of the stationers' company, and for the deliveries of the books and other articles to the said officer of the stationers' company, as hereinbefore is mentioned, may be different for different foreign countries, and for different classes of books or other articles.

No order in council to have any effect unless it states that reciprocal protection is secured.

XIV. Provided always, and be it enacted, That no such order in council shall have any effect unless it shall be therein stated, as the ground for issuing the same, that due protection has been secured by the foreign power so named in such order in council for the benefit of parties interested in works first published in the dominions of her Majesty similar to those comprised in such order.

Orders in Council to be published in Gazette, and to have same effect as this act.

XV. And be it enacted, That every order in council to be made under the authority of this act shall, as soon as may be after the making thereof by her Majesty in council, be published in the *London Gazette*, and from the time of such publication shall have the same effect as if every part thereof were included in this act.

Orders in Council to be laid before Parliament.

XVI. And be it enacted, That a copy of every order of her Majesty in council made under this act shall be laid before both Houses of Parliament within six weeks after issuing the same, if Parliament be then sitting, and if not, then within six weeks after

dite corporation tous les livres, volumes, ou gravures, qui doivent y être déposés comme on l'a dit plus haut, et qu'un mois après avoir reçu de tels livres, volumes, ou gravures, il les déposera à la Bibliothèque du Musée Britannique.

Corporation des Libraires doit déposer les livres, &c. au Musée Britannique.

XII. Il est arrêté, Qu'il ne sera point nécessaire de remettre au dit fonctionnaire de la dite corporation des libraires des exemplaires de la seconde édition ou de toute autre édition du livre ou des livres déposés ainsi qu'il a été expliqué, à moins que les dits livres ne contiennent des additions ou des changements.

Secondes ou subséquentes éditions.

XIII. Et il est arrêté, Que les périodes respectives qui doivent être spécifiées par ordonnance du conseil pour la durée du privilège à accorder en faveur des ouvrages qui doivent être publiés pour la première fois en pays étranger, peuvent différer quant aux ouvrages publiés pour la première fois en divers pays étrangers, et, quant aux differentes classes de tels ouvrages; et que les époques qui doivent être fixées pour l'enregistrement sur le registre de la corporation des libraires, et pour la remise des livres et autres articles au dit fonctionnaire, comme on l'a expliqué plus haut, peuvent différer pour divers pays étrangers et pour diverses classes de livres ou d'autres objets.

Les ordonnances du Conseil peuvent spécifier différentes périodes pour différents pays étrangers et pour différentes classes d'ouvrages.

XIV. Et il est arrêté, Qu'aucun ordonnance du conseil n'aura d'effet qu'autant, qu'il y sera constaté, comme motif de la promulgation, qu'une protection suffisante a été garantie par le gouvernement étranger indiqué dans la dite ordonnance du conseil, en faveur des parties qui ont des droits sur les ouvrages publiés pour la première fois dans les Etats de sa Majesté, et semblables à ceux compris dans la dite ordonnance.

Une ordonnance du Conseil n'a d'effet qu'autant qu'elle constate que la protection réciproque est garantie.

XV. Et il est arrêté, Que toutes les ordonnances du conseil qui seront faites en conséquence du présent acte auront, aussitôt après que la *Gazette de Londres* (the *London Gazette*), annoncera que sa Majesté en son conseil les a rendues, et à partir du jour de cette annonce, le même effet que si chaque partie de ces ordonnances étaient comprises dans le présent acte.

Les ordonnances du Conseil doivent être publiées dans la Gazette, et avoir le même effet que le présent acte.

XVI. Et il est arrêté, qu'un exemplaire de chaque ordonnance de sa Majesté en son conseil qui a rapport au present acte, sera présentée aux deux chambres du parlement dans les six semaines de sa promulgation si c'est pendant la session du parlement, si non,

Les ordonnances du Conseil doivent être présentées au parlement.

G 2

the commencement of the then next session of Parliament.

Orders in Council may be revoked. XVII. And be it enacted, That it shall be lawful for her Majesty by an order in council from time to time to revoke or alter any order in council previously made under the authority of this act, but nevertheless without prejudice to any rights acquired previously to such revocation or alteration.

Translations. XVIII. Provided always, and be it enacted, That nothing in this act contained shall be construed to prevent the printing, publication, or sale of any translation of any book the author whereof and his assigns may be entitled to the benefit of this act.

Authors of works first published in foreign countries not entitled to copyright except under this act. XIX. And be it enacted, that neither the author of any book, nor the author or composer of any dramatic piece or musical composition, nor the inventor, designer, or engraver of any print, nor the maker of any article of sculpture, or of such other work of art as aforesaid, which shall after the passing of this act be first published out of her Majesty's dominions, shall have any copyright therein respectively, or any exclusive right to the public representation or performance thereof, otherwise than such (if any) as he may become entitled to under this act.

Interpretation clause. XX. And be it enacted, That in the construction of this act the word "book" shall be construed to include "volume," "pamphlet," "sheet of letterpress," "sheet of music," "map," "chart," or "plan;" and the expression "articles of sculpture" shall mean all such sculptures, models, copies, and casts as are described in the said sculpture copyright acts, and in respect of which the privileges of copyright are thereby conferred; and the words "printing" and "re-printing" shall include engraving and any other method of multiplying copies; and the expression "her Majesty" shall include the heirs and successors of her Majesty; and the expressions "order of her Majesty in council," "order in council," and "order," shall respectively mean, order of her Majesty acting by and with the advice of her Majesty's Most Honourable Privy Council; and the expression, "officer of

dans les six semaines qui suivront le commencement de la session suivante.

XVII. Et il est arrêté, Que sa Majesté aura le droit par suite d'une ordonnance du conseil de révoquer de temps en temps ou de changer toute ordonnance du conseil rendue auparavant en conséquence du présent acte, sans préjudice des droits acquis avant de telles révocations ou de tels changements.

Les ordonnances du Conseil peuvent être révoquées.

XVII. Et il est arrêté, Qu'aucune clause du présent acte ne pourra être interprétée de manière à empêcher l'impression, la publication, ou la vente de la traduction d'un livre qui donnerait à un auteur ou à ses ayants-cause le droit de jouir du bénéfice du présent acte.

Traductions.

XIX. Il est bien entendu et il est arrêté, Que les auteurs de livres, les auteurs de pièces dramatiques, et les compositeurs d'œuvres musicales, les inventeurs, dessinateurs ou graveurs d'estampes et de gravures, les sculpteurs de tout genre, et les artistes ou fabricants qui produisent d'autres œuvres d'art déjà mentionnées plus haut, lesquelles auront été publiées pour la première fois hors des Etats de sa Majesté, après la promulgation du présent acte, ne pourront prétendre respectivement à d'autre droit de propriété sur leurs œuvres, ni à d'autre droit exclusif de représentation qu'à ceux qui leur sont conférés par le présent acte.

Les auteurs d'ouvrages publiés pour la première fois en pays étranger ne peuvent réclamer le droit de propriété littéraire, qu'en vertu du présent acte.

XX. Et il est arrêté, Que dans l'explication du présent acte il faudra comprendre sous la dénomination du mot " livre," " un volume,"·" une brochure," " une feuille d'impression," " une feuille de musique," " une carte," " un plan;" et que les expressions " morceaux de sculpture " s'appliqueront aux sculptures, modèles, copies et moules décrits dans l'acte sur la propriété des morceaux de sculpture, pour lesquels le dit acte confère les privileges de la propriété; et que les mots " impression " et " réimpression," comprendront la gravure et toute autre méthode de multiplier les exemplaires; et que l'expression " sa Majesté," comprendra les hêritiers et successeurs de sa Majesté; et que les expressions " ordonnance de sa Majesté en son conseil," " ordonnance du conseil," et " ordonnance," signifieront respectivement ordonnance de sa Majesté agissant d'après l'avis du très honorable con-

Clause sur l'interprétation du présent acte.

the Company of Stationers" shall mean the officer appointed by the said Company of Stationers for the purposes of the said Copyright Amendment Act; and in describing any persons or things any word importing the plural number shall mean also one person or thing, and any word importing the singular number shall include several persons or things, and any word importing the masculine shall include also the feminine gender; unless in any of such cases there shall be something in the subject or context repugnant to such construction.

Act may be repealed this session.

XXI. And be it enacted, That this act may be amended or repealed by any act to be passed in this present session of Parliament.

No. II.

15 & 16 VICT. c. 12.

An Act to enable her Majesty to carry into effect a Convention with France on the subject of Copyright; to extend and explain the International Copyright Acts ; and to explain the Acts relating to Copyright in Engravings. Passed the 28th May, 1852.

7 & 8 Vict. c. 12.

WHEREAS an act was passed in the seventh year of the reign of her present Majesty, intituled " An Act to amend the Law relating to International

seil privé de sa Majesté; et que l'expression "fonctionnaire de la Corporation des Libraires," s'entendra d'un
fonctionnaire préposé par la dite Corporation des Libraires, pour exécuter les stipulations du dit acte d'a-
mendement de la loi sur la propriété littéraire; et qu'en
parlant de personnes ou d'objets, tout mot mis au
pluriel s'appliquera aussi à une seule personne et à
un seul objet, et que tout mot portant la marque du
singulier devra s'entendre aussi de plusieurs personnes
ou de plusieurs objets; et que tout mot applicable au
genr emasculin s'appliquera aussi au genre feminin;
à moins que dans tous ces cas il se ne trouve quelque
chose dans le sujet ou le texte qui ne permette point
d'admettre de telles constructions.

XXI. Et il est arrêté, Que le présent acte peut être
amendé révoque ou par un autre acte qui passerait
pendant la présente session du parlement.

Le présent acte peut être revoqué .pendant la session.

II.

ACTE DES 15e ET 16e AN. DU RÈG. DE VICT. C. 12.

Acte pour donner à Sa Majesté les moyens
de mettre à exécution une Convention
faite avec la France au sujet du droit de
propriété sur les objets de littérature et
d'art; pour donner plus d'extension et expliquer les Actes sur le droit international
de propriété sur les œuvres de littérature
et d'art; et pour expliquer les Actes qui
ont rapport au droit de propriété sur les
gravures. Passé le 28 mai, 1852.

ATTENDU qu'un acte passé durant la 7e an. du règ. de
sa Majesté actuelle, intitulé "Acte d'amendement de
la loi relative au droit international de propriété sur

7e et 8e an. du règ. de Vict. c. 12.

Copyright," hereinafter called "The International Copyright Act:" And whereas a Convention has lately been concluded between her Majesty and the French Republic, for extending in each country the enjoyment of copyright in works of literature and the fine arts first published in the other, and for certain reductions of duties now levied on books, prints, and musical works published in France: And whereas certain of the stipulations on the part of her Majesty contained in the said treaty require the authority of parliament; and whereas it is expedient that such authority should be given, and that her Majesty should be enabled to make similar stipulations in any treaty on the subject of copyright which may hereafter be concluded with any foreign power: Be it enacted by the Queen's most excellent Majesty, by and with the advice and consent of the lords spiritual and temporal, and commons, in this present parliament assembled, and by the authority of the same, as follows :—

Translations.

Partial repeal of 7 & 8 Vict. c. 12, s. 18.

I. The eighteenth section of the said act of the seventh year of her present Majesty, chapter twelve, shall be repealed, so far as the same is inconsistent with the provisions hereinafter contained.

Her Majesty may, by order in council, direct that the authors of books published in foreign countries may for a limited time prevent unauthorised translations.

II. Her Majesty may, by order in council, direct that the authors of books which are, after a future time, to be specified in such order, published in any foreign country, to be named in such order, their executors, administrators, and assigns, shall, subject to the provisions hereinafter contained or referred to, be empowered to prevent the publication in the British dominions of any translations of such books not authorised by them, for such time as may be specified in such order, not extending beyond the expiration of five years from the time at which the authorised translations of such books hereinafter mentioned are respectively first published, and in the case of books published in parts, not extending as to each part beyond the expiration of five years from the time at which the authorised translation of such part is first published.

les œuvres de littérature et d'art," ci-après désigné "Acte sur le droit international de propriété sur les ouvrages de littérature et d'art": Et attendu, qu'une Convention a été récemment conclue entre sa Majesté et la République française, pour étendre dans chaque pays la jouissance du droit de propriété sur les ouvrages de littérature et d'art publiés la première fois dans l'un des deux; et opérer certaines réductions de droits maintenant perçus sur les livres, les gravures et les œuvres musicales publiés en France: Et attendu que quelques unes des stipulations proposées par sa Majesté et contenues dans le dit traité, exigent la sanction du parlement: Et attendu qu'il est nécessaire que cette sanction soit accordée, afin que sa Majesté puisse avoir les moyens de faire de semblables stipulations dans tous les traités au sujet de la propriété littéraire qui pourront plus tard être conclus avec les gouvernements étrangers. Il est décrété, par sa très-excellente Majesté la Reine, d'après l'avis et le consentement des lords spirituels et temporels et la chambre des communes, en ce présent parlement assemblés, et d'après leur autorisation, ce qui suit.

Traductions.

I. La dix huitième section du dit acte de la 7e an. de sa Majesté actuelle, chapitre douze, sera révoquée, en tant qu'elle diffère des stipulations ci-après énoncées.

Révocation partielle de l'acte des 7e. et 8e. an. du règ. de Vict. c. 12, s. 18.

II. Sa Majesté peut, d'après une ordonnance du Conseil, ordonner que les auteurs de livres qui seront, à une époque future, que la dite ordonnance indiquera, publiés en pays étrangers, que l'ordonnance mentionnéra aussi, leurs exécuteurs testamentaires, mandataires et ayants-cause, auront, en se soumettant aux dispositions ci-après énoncées ou citées, le pouvoir d'empêcher dans les Etats Britanniques la publication de traductions de tels livres qu'ils n'auraient point autorisées, pendant un laps de temps que l'ordonnance aura indiqué, qui ne s'étendra pas au delà de l'expiration de cinq années à partir de l'époque à laquelle les traductions autorisées de ces livres ci-après mentionnés auraient été respectivement publiées pour la première fois; et dans le cas ou les livres seraient publiés par livraisons, la prohibition ne s'étendra pas pour chaque livraison au delà de l'expiration de

Sa Majesté peut, par ordonnance du Conseil, décider que les auteurs de livres publiés en pays étranger pourront, pendant un temps limité, empêcher qu'on ne les traduise sans leur autorisation.

III. Subject to any provisions or qualifications contained in such order, and to the provisions herein contained or referred to, the laws and enactments for the time being in force for the purpose of preventing the infringement of copyright in books published in the British dominions shall be applied for the purpose of preventing the publication of translations of the books to which such order extends which are not sanctioned by the authors of such books, except only such parts of the said enactments as relate to the delivery of copies of books for the use of the British Museum, and for the use of the other libraries therein referred to.

Thereupon the law of copyright shall extend to prevent such translations.

IV. Her Majesty may, by order in council, direct that authors of dramatic pieces which are, after a future time, to be specified in such order, first publicly represented in any foreign country, to be named in such order, their executors, administrators, and assigns, shall, subject to the provisions hereinafter mentioned or referred to, be empowered to prevent the representation in the British dominions of any translation of such dramatic pieces not authorised by them, for such time as may be specified in such order, not extending beyond the expiration of five years from the time at which the authorised translations of such dramatic pieces hereinafter mentioned are first published or publicly represented.

Her Majesty may, by order in Council, direct that the authors of dramatic works represented in foreign countries may for a limited time prevent unauthorised translations.

V. Subject to any provisions or qualifications contained in such last mentioned order, and to the provisions hereinafter contained or referred to, the laws and enactments for the time being in force, for ensuring to the author of any dramatic piece first publicly represented in the British dominions the sole liberty of representing the same, shall be applied for the purpose of preventing the representation of any translations of the dramatic pieces to which such last-mentioned order extends, which are not sanctioned by the authors thereof.

Thereupon the law for protecting the representation of such pieces shall extend to prevent unauthorised translations.

VI. Nothing herein contained shall be so construed

Adaptations, &c., of dra-

cinq années à partir de l'époque à laquelle la traduction autorisée d'une telle livraison est publiée pour la première fois.

III. Eu égard aux dispositions ou restrictions contenues dans la dite ordonnance et aux dispositions contenues ou citées en ces présentes, les lois et ordonnances actuellement en vigueur pour empêcher les infractions aux droits d'auteurs sur des livres publiés dans les Etats Britanniques, seront mises à exécution pour empêcher la publication de traductions de livres auxquels cette ordonnance s'applique, qui ne sont point sanctionnées par les auteurs de tels livres: on exceptera cependant les parties de ces lois qui se rapportent à la remise d'exemplaires de livres destinés au Musée Britannique, et à d'autres bibliothèques mentionnées.

À ce sujet la loi sur les droits des auteurs, permettra d'arrêter la circulation de telles traductions.

IV. Sa Majesté peut, par ordonnance du Conseil, ordonner que les auteurs de pièces dramatiques qui seront, à une époque future que la dite ordonnance indiquera, représentées en pays étrangers, que l'ordonnance mentionnera aussi, leurs exécuteurs testamentaires, mandataires et ayants-cause, auront, en se soumettant aux dispositions ci-après énoncées ou citées, le pouvoir d'empêcher dans les Etats Britanniques la représentation de traductions de telles pièces dramatiques qu'ils n'auraient point autorisées, pendant un laps de temps que l'ordonnance aura indiqué, qui ne s'étendra par au delà de l'expiration de cinq années à partir de l'époque à laquelle les traductions autorisées de ces pièces dramatiques ci-après mentionnées auront été publiées ou représentées en public pour la première fois.

Sa Majesté peut, par ordonnance d Conseil, ordonner que les auteurs d'œuvres dramatiques représentées en pays étranger, pourront pendant un temps limité, empêcher qu'on ne les traduise sans leur autorisation.

V. Eu égard aux dispositions ou restrictions contenues dans l'ordonnance ci-dessus mentionnée, et aux dispositions contenues ou citées en ces présentes, les lois et ordonnances temporairement en vigueur pour assurer à l'auteur de pièces dramatiques représentées pour la première fois en public dans les Etats Britanniques le droit exclusif de représenter ces pièces, auront aussi leur application pour empêcher la représentation de traductions de pièces dramatiques aux quelles s'étend la dite ordonnance sus-mentionnée et auxquelles manquerait la sanction de l'auteur.

La loi qui protège la représentation de telles pièces prohibera les traductions non-autorisées.

VI. Aucune des dispositions du présent acte ne

De l'adapta-

matic pieces to the English stage not prevented. — as to prevent fair imitations or adaptations to the English stage of any dramatic piece or musical composition published in any foreign country.

All articles in newspapers, &c., relating to politics, may be republished or translated, and also all similar articles on any subject, unless the author has notified his intention to reserve the right. — VII. Notwithstanding anything in the said International Copyright Act or in this act contained, any article of political discussion which has been published in any newspaper or periodical in a foreign country may, if the source from which the same is taken be acknowledged, be republished or translated in any newspaper or periodical in this country; and any article relating to any other subject which has been so published as aforesaid may, if the source from which the same is taken be acknowledged, be republished or translated in like manner, unless the author has signified his intention of preserving the copyright therein, and the right of translating the same, in some conspicuous part of the newspaper or periodical in which the same was first published, in which case the same shall, without the formalities required by the next following section, receive the same protection as is by virtue of the International Copyright Act or this act extended to books.

No author to be entitled to benefit of this act without complying with the requisitions herein specified. — VIII. No author, or his executors, administrators, or assigns, shall be entitled to the benefit of this act, or of any order in Council issued in pursuance thereof, in respect of the translation of any book or dramatic piece, if the following requisitions are not complied with; (that is to say),

1. The original work from which the translation is to be made must be registered, and a copy thereof deposited in the United Kingdom, in the manner required for original works by the said International Copyright Act, within three calendar months of its first publication in the foreign country:

2. The author must notify on the title-page of the original work, or if it is published in parts, on the title-page of the first part, or if there is no title-page, on some conspicuous part of the work, that it is his intention to reserve the right of translating it:

sera interprétée de manière à empêcher les imitations ou adaptations licites à la scène anglaise de pièces dramatiques ou de compositions musicales publiées en pays étranger.

VII. Nonobstant les dispositions contenues dans le dit acte sur le droit international de propriété littéraire, ou celles du présent acte, tout article de discussion politique qui a été publié dans un journal ou un ouvrage périodique en pays étranger, peut être réimprimé ou traduit dans ce pays-ci dans un journal ou un ouvrage périodique, pourvu qu'on indique la source d'où il est tiré; et tout article traitant d'un autre sujet et publié comme il vient d'être dit, peut aussi être réimprimé ou traduit pourvu qu'on indique d'où il est tiré, à moins que l'auteur n'ait formellement déclaré, qu'il s'en réservait la propriété, et le droit de le faire traduire, dans un endroit apparent du dit journal ou du dit ouvrage périodique dans lequel l'article a été publié pour la première fois, dans lequel cas, cet article recevra, sans être soumis aux formalités requises dans la section suivante, la même protection que celle qui s'étend aux auteurs de livres en vertu de l'acte sur le droit international de propriété littéraire ou en vertu des présentes.

VIII. Les auteurs, ou leurs exécuteurs testamentaires, mandataires, ou ayants-cause, ne jouiront du bénéfice du présent acte, ou des ordonnances du Conseil publiés en conséquence, pour ce qui concerne la traduction des livres ou des pièces dramatiques, que dans le cas où les conditions suivantes auront été remplies, savoir.

1. L'ouvrage original d'où la traduction doit être tirée, doit être enregistré, et un exemplaire doit être déposé dans le Royaume-Uni d'après la forme requise pour les ouvrages originaux par le dit acte sur le droit international de propriété littéraire, dans les trois mois qui suivront la première publication dans le pays étranger.

2. L'auteur doit indiquer sur la page du titre de l'original ou s'il est publié par livraisons, sur la page du titre de la première livraison, ou s'il n'y a point de titre, en quelque endroit apparent de l'ouvrage, qu'il se réserve expressément le droit de le traduire.

3. The translation sanctioned by the author, or a part thereof, must be published either in the country mentioned in the order in Council by virtue of which it is to be protected, or in the British dominions, not later than one year after the registration and deposit in the United Kingdom of the original work, and the whole of such translation must be published within three years of such registration and deposit:

4. Such translation must be registered and a copy thereof deposited in the United Kingdom, within a time to be mentioned in that behalf in the order by which it is protected, and in the manner provided by the said International Copyright Act for the registration and deposit of original works:

5. In the case of books published in parts, each part of the original work must be registered and deposited in this country in the manner required by the said international copyright within three months after the first publication thereof in the foreign country:

6. In the case of dramatic pieces the translation sanctioned by the author must be published within three calendar months of the registration of the original work:

7. The above requisitions shall apply to articles originally published in newspapers or periodicals, if the same be afterwards published in a separate form, but shall not apply to such articles as originally published.

Pirated copies prohibited to be imported, except with consent of proprietor.

IX. All copies of any works of literature or art wherein there is any subsisting copyright by virtue of the International Copyright Act and this act, or of any order in Council made in pursuance of such acts or either of them, and which are printed, reprinted, or made in any foreign country except that in which such work shall be first published, and all unauthorised translations of any book or dramatic piece the publication or public representation in the British dominions of translations whereof not authorised as

3. La traduction sanctionnée par l'auteur, ou une partie d'icelle ne doit pas être publiée, dans le pays mentionné dans l'ordonnance du Conseil en vertu duquel elle doit être protégée, ou dans les Etats Britanniques, plus d'un an après l'enregistrement et le dépôt dans le Royaume-Uni de l'ouvrage original, et la traduction entière doit être publiée dans les trois ans qui suivront cet enregistrement et ce dépôt:

4. Une telle traduction doit être enregistrée, et il doit en être déposé un exemplaire dans le Royaume Uni dans un délai fixé à cet égard dans l'ordonnance en vertu de laquelle elle est protégée, et selon les formes indiquées par le dit Acte sur le droit international de propriété littéraire pour l'enregistrement et le dépôt d'ouvrages originaux:

5. S'il s'agit de livres publiés par livraison, chaque livraison de l'ouvrage original devra être enregistrée et déposée dans ce pays-ci selon les formes requises par le dit Acte sur le droit international de propriété littéraire, dans les trois mois qui suivront la première publication dans le pays étranger:

6. S'il s'agit de pièces dramatiques, les traductions sanctionnées par l'auteur devront être publiées dans les trois mois qui suivront l'enregistrement de l'ouvrage original:

7. Les formalités ci-dessus s'appliqueront aux articles publiés originairement dans les journaux ou ouvrages périodiques si ces articles sont ensuite publiés séparément, mais elles ne s'appliqueront pas à ces articles tels qu'ils ont été publiés originairement.

IX. Quant à tous les exemplaires d'ouvrages de littérature, et toutes les copies d'œuvres d'art sur lesquels il existe un droit de propriété en vertu de l'Acte sur le droit international de propriété des œuvres de littérature et d'art, et en vertu du présent acte, ou de toute ordonnance du Conseil rendue en conséquence de tels actes ou de l'un d'eux, et lesquels exemplaires et copies seront imprimés, réimprimés, ou faits à l'étranger, excepté dans le pays dans lequel l'ouvrage aura été publié pour la première fois, et quant à toutes les

Exemplaires d'ouvrage contrefaits ne peuvent être importés qu'avec le consentement de celui à qui appartient la propriété littéraire.

in this act mentioned, shall for the time being be prevented under any order in Council made in pursuance of this act, are hereby absolutely prohibited to be imported into any part of the British dominions, except by or with the consent of the registered proprietor of the copyright of such work or of such book or piece, or his agent authorized in writing; and *Provisions of* the provision of the act of the sixth year of her Ma-*5 & 6 Vict. c.* jesty " to amend the law of copyright," for the forfei-*45, as to for-* ture, seizure, and destruction of any printed book *feiture, &c.,* first published in the United Kingdom wherein there *of pirated* *works, &c.,* shall be copyright, and reprinted in any country out *to extend to* of the British dominions, and imported into any part *works pro-* *hibited to be* of the British dominions by any person not being the *imported un-* proprietor of the copyright, or a person authorized by *der this act.* such proprietor, shall extend and be applicable to all copies of any works of literature and art, and to all translations the importation whereof into any part of the British dominions is prohibited under this act.

Foregoing X. The provisions herein-before contained shall be *provisions* *and 7 & 8* incorporated with the International Copyright Act, *Vict. c.* 12 to and shall be read and construed therewith as one act. *be read as* *one act.*

French XI. And whereas her Majesty has already, by order *translations* *to be protect-* in Council, under the said International Copyright *ed as herein-* Act, given effect to certain stipulations contained in *before men-* the said convention with the French Republic; and *tioned, with-* *out further* it is expedient that the remainder of the stipulations *order in* on the part of her Majesty in the said convention *Council.* contained should take effect from the passing of this act without any further order in council: during the continuance of the said Convention, and so long as the order in Council already made under the said International Copyright Act remains in force, the provisions herein-before contained shall apply to the

traductions non-autorisées de livres ou pièces dramatiques, dont la publication ou la représentation dans
les Etats Britanniques non-autorisée, ainsi que le
prescrit le présent acte, a été prohibée, en vertu d'une
ordonnance du Conseil publiée en conséquence du
présent acte, il est absolument défendu par ces présentes, d'importer de tels exemplaires, copies, et traductions en quelque lieu que ce soit des Etats Britanniques, excepté avec le consentement du propriétaire (dont le nom aura été enregistré) du droit d'auteur sur un tel ouvrage, un tel livre ou une telle pièce,
ou avec le consentement par écrit de son agent dûment
autorisé; et les stipulations de l'acte de la 6e année du
règne de sa Majesté "pour amender la loi sur la
propriété littéraire," qui enjoignent la confiscation,
saisie et destruction de tout livre imprimé dans le
Royaume Uni sur lequel il existe un droit de propriété littéraire, et réimprimé en quelque pays que
ce soit hors des Etats Britanniques, et importé en
quelque partie que ce soit des Etats Britanniques
par une personne à qui n'appartiendrait point cette
propriété, ou par une personne qui n'aurait point
reçu d'autorisation du propriétaire, s'étendront et
s'appliqueront à tous exemplaires d'ouvrages de
littérature, à toutes copies d'œuvres d'art, et à
toutes traductions dont l'importation dans l'étendue des Etats Britanniques est prohibée par ces
présentes.

*Les stipula-
tions de l'acte
des 5e. et 6e.
du règ. de
Vict. c. 45,
quant à la
saisie, &c.,
d'ouvrages
contrefaits,
&c., s'éten-
dent aux ou-
vrages qu'il
est défendu
d'importer
par le
présent acte.*

X. Les dispositions ci-dessus seront incorporées à
l'Acte sur le droit international de propriété sur les
œuvres de littérature et d'art, et ne feront ainsi
qu'un seul et même acte.

*Les disposi-
tions précé-
dentes et
l'acte des
7e. et 8e. an.
du règ. de
Vict. ne font
qu'un seul et
même acte.*

XI. Et attendu que sa Majesté a déjà par ordonnance du Conseil en vertu du dit Acte sur le droit
international de propriété sur les œuvres de litte-
rature et d'art, mis à exécution certaines stipulations
contenues dans la dite Convention avec la République
Française; il devient urgent que les stipulations qui
concernent sa Majesté dans la dite Convention soient
mises à exécution à partir de la promulgation du
présent acte sans autre ordonnance du Conseil: Pendant toute la durée de la dite Convention, et tant que
l'ordonnance du Conseil déjà publiée en conséquence
du dit Acte sur le droit international de la propriété des

*Les traduc-
tions fran-
çaises seront
protégées
comme il a
été dit plus
haut, sans
autre ordon-
nance du
Conseil.*

said Convention, and to translations of books and dramatic pieces which are, after the passing of this act, published or represented in France, in the same manner as if her Majesty had issued her order in Council in pursuance of this act for giving effect to such Convention, and had therein directed that such translations should be protected as herein-before mentioned for a period of five years from the date of the first publication or public representation thereof respectively, and as if a period of three months from the publication of such translation were the time mentioned in such order as the time within which the same must be registered and a copy thereof deposited in the United Kingdom.

Reduction of Duties.

Recital of 9 & 10 *Vict.* c. 58.

XII. And whereas an act was passed in the tenth year of her present Majesty, intituled "An Act to amend an Act of the seventh and eighth years of her present Majesty, for reducing, under certain circumstances, the duties payable upon books and engravings:" And whereas by the said Convention with the French Republic it was stipulated that the duties on books, prints, and drawings published in the territories of the French Republic should be reduced to the amounts specified in the schedule to the said act of the tenth year of her present Majesty, chapter fifty-eight: And whereas her Majesty has, in pursuance of the said Convention, and in exercise of the powers given by the said act, by order in Council declared that such duties shall be reduced accordingly: And whereas by the said Convention it was further stipulated that the said rates of duty should not be raised during the continuance of the said Convention; and that if during the continuance of the said Convention any reduction of those rates should be made in favour of books, prints, or drawings published in any other country, such reduction should be at the same time extended to similar articles published in France: And whereas doubts are entertained whether such last-mentioned stipulations can be carried into effect without the authority of Parliament: Be it enacted, That the said rates of duty so reduced

œuvres de littérature et d'art, est en vigueur, les dispositions ci-dessus mentionnées devront s'appliquer à la dite Convention, et aux traductions de livres et d'ouvrages dramatiques qui seront après la promulgation du présent acte, publiées ou représenteés en France, comme si sa Majesté eut rendu une ordonnance en son Conseil en conséquence du présent acte pour mettre à exécution la dite Convention, et eut ordonné, en ce faisant, que de telles traductions fussent protégées respectivement, ainsi qu'on l'a dit plus haut, pendant l'espace de cinq ans à partir de la date de la première publication ou de la première représentation et comme si un délai de trois mois à partir de la publication d'une telle traduction eut été le délai mentionné dans une telle ordonnance pendant lequel la dite traduction doit être enregistrée et une copie d'icelle déposée dans le Royaume Uni.

XII. Et attendu qu'un acte a été passé dans la *Reduction de droits.* 10ᵉ année du règne de sa Majesté actuelle, intitulé "Acte d'amendement à l'Acte des 7ᵉ et 8ᵉ années du règne de sa Majesté actuelle, pour réduire, dans de certaines circonstances, les droits à payer sur les livres et les gravures:" Et attendu que par la dite Convention avec la République Française il a été stipulé que les droits sur les livres, gravures, et dessins publiés dans l'étendue du territoire de la République française seraient réduits au taux spécifié dans la cédule annexée au dit acte de la 10ᵉ année du règne de sa Majesté actuelle, chapitre quarante-huit: Et attendu que sa Majesté a, en vertu de la dite Convention, et dans l'exercice des pouvoirs conférés par le dit acte, par ordonnance du Conseil, déclaré que de tels droits seraient réduits en conséquence: Et attendu que par la dite Convention il a été de plus stipulé que le dit taux des droits ne serait point augmenté pendant la durée de la dite Convention; et que si pendant la durée de la dite Convention on faisait une réduction quelconque de ces droits en faveur de livres, de gravures, et de dessins, publiés en tout autre pays, une telle réduction s'étendrait en même temps aux mêmes ouvrages publiés en France: Et attendu qu'il est douteux que des stipulations telles que celles qu'on vient de mentionner puissent être mises à exécution sans l'autorisation du Parlement: Il est arrêté, Que le

Exposé de l'acte des 9ᵉ et 10ᵉ an. du règ. de Vict. ch. 58.

Le taux des

H

Rates of duty not to be raised during continuance of treaty, and if further reduction is made for other countries it may be extended to France.

as aforesaid shall not be raised during the continuance of the said Convention; and that if during the continuance of the said Convention any further reduction of such rates is made in favour of books, prints, or drawings published in any other foreign country, her Majesty may, by order in Council, declare that such reduction shall be extended to similar articles published in France, such order to be made and published in the same manner, and to be subject to the same provisions, as orders made in pursuance of the said act of the tenth year of her present Majesty, chapter fifty-eight.

XIII. And whereas doubts have arisen as to the construction of the schedule of the act of the tenth year of her present Majesty, chapter fifty-eight:

For removal of doubts as to construction of schedule to 9 & 10 Vict. c. 58.

It is hereby declared, That for the purposes of the said act every work published in the country of export, of which part has been originally produced in the United Kingdom, shall be deemed to be and be subject to the duty payable on "Works originally produced in the United Kingdom, and republished in the country of export," although it contains also original matter not produced in the United Kingdom, unless it shall be proved to the satisfaction of the Commissioners of her Majesty's Customs by the importer, consignee, or other person entering the same, that such original matter is at least equal to the part of the work produced in the United Kingdom, in which case the work shall be subject only to the duty on "works not originally produced in the United Kingdom."

Lithographs, &c.

Recital of 8 G. 2 c. 13, 7 G. 3 c. 38, 17 G. 3 c. 57, 6 & 7 W. 4 c. 59.

XIV. And whereas by the four several acts of Parliament following; (that is to say), an act of the eighth year of the reign of King George the Second, chapter thirteen; an act of the seventh year of the reign of King George the Third, chapter thirty-eight; an act of the seventeenth year of the reign of King George the Third, chapter fifty-seven; and an act of the seventh year of King William the Fourth, chapter fifty-nine, provision is made for securing to every person who invents, or designs, engraves, etches, or

dit taux des droits ainsi réduit comme on l'a dit plus haut, ne sera point élevé pendant la durée de la dite Convention; et que si pendant la durée de la dite Convention une réduction ultérieure de ces droits est faite en faveur de livres, gravures, ou dessins publiés en d'autres pays étrangers, sa Majesté pourra, par ordonnance du Conseil, déclarer que de semblables réductions s'étendront à de semblable ouvrages publiés en France: une telle ordonnance devra d'ailleurs être décrétée et publiée de la même manière et soumise aux mêmes dispositions que les ordonnances faites en conséquence du dit acte de la 10ᵉ année du règne de sa Majesté actuelle, chapitre cinquante-huit.

droits ne sera point élevé pendant la durée du traité, et s'il y a réduction ultérieure en faveur des autres pays, elle pourra s'étendre à la France.

XIII. Et attendu que des doutes se sont élevés sur l'interprétation de la cédule annexée à l'acte de la 10ᵉ année du règne de sa Majesté actuelle, chapitre cinquante-huit:

Il est ici déclaré, Que pour remplir le but du dit acte, chaque ouvrage publié dans le pays d'exportation, dont une partie a été originairement produite dans le Royaume Uni, sera réputé passible, et par le fait sera passible du droit à payer sur "les ouvrages originairement produits dans le Royaume Uni, et réimprimés dans le pays d'exportation," quoiqu'il contienne aussi des matières originales non publiées dans le Royaume Uni, à moins qu'il ne soit prouvé clairement aux Commissaires des Douanes de sa Majesté par l'importateur, le consignataire, ou toute autre personne faisant entrer le dit ouvrage, que la matière originale est au moins égale à la partie de l'ouvrage produite dans le Royaume Uni, dans lequel cas l'ouvrage sera seulement soumis aux droits sur "les ouvrages qui ne sont pas originairement produits dans le Royaume Uni."

Pour détruire les doutes qui pourraient s'élever au sujet de la cédule annexeé à l'acte des 9e et 10e an. du rég. de Vict. ch. 58.

XIV. Et attendu que par les quatre divers actes du Parlement dont l'enonciation suit; savoir, un acte de la 8ᵉ année du règne du roi George II., chapitre treize; un acte de la 7ᵉ année du règne de George III., chapitre trente-huit; un acte de la 17ᵉ année du règne du Roi George III., chapitre cinquante-sept; et un acte de la 7ᵉ année du règne du Roi Guillaume IV., chapitre cinquante-neuf, des dispositions ont été prises pour assurer certains droits de propriété, qui sont définis dans les dits actes, à quiconque invente,

Lithographies, &c.

Exposé des actes de la 8e an. du règ. de Geor. II., ch. 13; de la 7e an. du règ. de Geor. III., ch. 38; de la 7e an. du règ. de Geor.

works in mezzotinto or chiaro-oscuro, or from his own work, design, or invention, causes or procures to be designed, engraved, etched, or worked in mezzotinto or chiaro-oscuro, any historical print or prints, or any print or prints of any portrait, conversation, landscape, or architecture, map, chart, or plan, or any other print or prints whatsoever, and to every person who engraves, etches, or works in mezzotinto or chiaro-oscuro, or causes to be engraved, etched, or worked, any print taken from any picture, drawing, model, or sculpture, notwithstanding such print has not been graven or drawn from his own original design, certain copyrights therein defined: And whereas doubts are entertained whether the provisions of the said acts extend to lithographs and certain other impressions, and it is expedient to remove such doubts:

For removal of doubts as to the provisions of the said acts including lithographs, prints, &c. It is hereby declared, That the provisions of the said acts are intended to include prints taken by lithography, or any other mechanical process by which prints or impressions of drawings or designs are capable of being multiplied indefinitely, and the said acts shall be construed accordingly.

dessine, grave, ou burin, à l'eau-forte ou à la manière noire, ou qui d'après son propre ouvrage, son dessin, son invention, fait dessiner, graver, au burin, à l'eau-forte, ou à la manière noire, une ou plusieurs gravures historiques, une ou plusieurs gravures de portraits, ou une ou plusieurs gravures de tout autre espèce, et à quiconque grave au burin, à l'eau-forte, ou à la manière noire, ou fait graver au burin, à l'eau-forte, ou à la manière noire, une gravure quelconque prise d'un tableau, d'un dessin, d'un modele, ou d'une sculpture, bien qu'une telle gravure n'ait point été gravée ni dessinée d'après le dessin original de celui qui la publie: Et attendu qu'il est douteux que les dispositions des actes sus-énoncés puissent s'appliquer aux lithographies et à certaines autres impressions, et qu'il est nécessaire de dissiper tous les doutes à cet égard: *III., ch. 57; des 6e et 7e an. du règ. de Guill. IV., ch. 59.*

Il est déclaré par ces presentes, Que les dispositions des dits actes s'appliqueront aux gravures faites par le moyen de la lithographie, ou par tout autre procédé mécanique par lesquels les gravures ou les impressions d'esquisses ou de dessins peuvent être multipliés à l'infini, et les dits actes devront étre interprêtés en conséquence. *Pour détruire les doutes qui pourraient s'élever sur les dispositions des dits actes, quant à ce qui concerne les lithographies, &c.*

INDEX.

TABLE ALPHABÉTIQUE DES MATIÈRES.

S. signifie " et suivans."

I

THE END.

C. Richards, 100 st. Martin's Lane.

THE WHALEMAN'S ADVENTURES:

Scenes in the Southern Ocean.

Edited by the Rev. Dr. SCORESBY.

With Eight Illustrations by H. Vizetelly.

Fcp. 8vo, 6s. cloth.

"A very readable and interesting volume, full of stirring adventure and hair-breadth escapes."—ATHENÆUM.

"The Clergyman has not forgotten his own functions in recording those of the Whalers, and his book will be the more acceptable that he blends religion with perilous adventures."—ECONOMIST.

"Will be found at once amusing and instructive to the youthful reader."—MORNING CHRONICLE.

LOW'S CLASSIFIED LIST

OF THE

HOUSE OF COMMONS,

As ELECTED JULY 1852.

Printed on a sheet which may be conveniently folded for the pocket. In this sheet the Members are classed according to their known or admitted principles, under the heads Conservatives, Whigs, Peelites, Radical Reformers, Irish Brigade, and a few who, for the present, may be considered Doubtful.

Price 6d., or by Post, 8d.

Dedicated by special permission to H.R.H. the Prince Consort.

THE CHARITIES OF LONDON:

Comprehending the Benevolent, Educational, and Religious Institutions in and near London;

Their Origin and Design, Progress and Present Position.

By SAMPSON LOW, Junior.

Fcp. 8vo. 10s. 6d. cloth.

. The design of this work is to afford an impartial history of each institution, with its rise, progress, objects, extent, mode of operation, state of funds, privileges of contributors, and such other information as may render it an interesting and judicious companion to the liberal in the arrangement of their benefactions, and a serviceable and trustworthy guide to the inquirer on behalf of those needing their assistance.

"We have before us an unobtrusive yet as significant a volume as ever issued from the press. It gives in the smallest possible compass an account of all the known Charities of London. The writer has performed a laborious task carefully and well."—TIMES, September 7th, 1850.

HOUSEHOLD CHEMISTRY;

Or, Rudiments of the Science applied to Every-day Life.

By ALBERT J. BERNAYS, F.C.S.

Fcp. 8vo. New Edition, in the Press.

" The treatment is clear and simple : it deals with facts and the practical application of principles. The idea of taking the objects familiar to domestic life as vehicles for imparting information respecting them has always an interest, especially for the young."—SPECTATOR.

" Mr Bernays has produced a book of obvious utility, occupying interesting ground and satisfying a popular want. We have an interesting book, full of scientific facts artistically and amusingly arranged ; and though Mr. Bernays states that he has written mainly for the young, such a treatise may be recommended to all classes."—DAILY NEWS.

" The style of writing Mr. Bernays has adopted is particularly easy of comprehension: his book will doubtless become very popular."—NOTTINGHAM REVIEW.

SAFETY IN PERIL.

By the Authoress of " My Flowers."

Fcp. 8vo. 3s. 6d.

THE WIDE, WIDE WORLD;

Or, the Early Trials of Ellen Montgomery.

Second Edition. 2 vols. post 8vo, 12s.

" The authoress writes with liveliness and elegance: her power of discriminating and presenting characters is great. An air of cheerful piety pervades the whole book. It is a book which will please and instruct others than the young, for whom it is chiefly intended."—LITERARY GAZETTE.

GLIMPSES OF SPAIN;

Or, Notes of an Unfinished Tour.

By S. T. WALLIS.

1 vol. post 8vo, 7s., cloth.

" This is the easy, nonchalant, but well-informed narrative of an American writer, who appears to have qualified himself for travel by some knowledge of the country he was going to, and, while there, to have found good opportunities of observation."—EXAMINER.

" We do but justice to the interest of this book when we say it does not contain one dry page."—NEW YORK WEEKLY POST.

" Well deserves our notice and praise."—LITERARY GAZETTE.

A COPIOUS AND CRITICAL

LATIN-ENGLISH LEXICON,

Founded on the larger German-Latin Lexicon of
Dr. William Freund:

With Additions and Corrections from the Lexicons of
Gesner, Facciolati, Scheller, Georges, &c.

By E. A. ANDREWS, LL.D., &c.

In One Vol. royal 8vo (pp. 1663), New Edition, Enlarged
and Improved, price 21s.

" In conclusion, we are glad to have an opportunity of introducing so excellent a work to the notice of our classical and philological readers. It has all that true German *Gründlichkeit* about it which is so highly appreciated by English scholars. Rarely, if ever, has so vast an amount of philological information been comprised in a single volume of this size. The knowledge which it conveys of the early and later Latin is not to be gathered from ordinary Latin Dictionaries.... With regard to the manner in which it is got up, we can speak most favourably. Every page bears the impress of industry and care. The type is clear, neat, and judiciously varied."—ATHENÆUM.

" We have examined this book with considerable attention, and have no hesitation in saying it is the best dictionary of the Latin language that has appeared."—LITERARY GAZETTE.

" An elaborate fulness and completeness, while everything is quite clear, are the characteristics of this work—rendering it the best Latin Dictionary for the scholar or advanced student."—SPECTATOR.

" Dr. Andrews has a claim to our gratitude for his translation, not simply on the ground of his faithful retention of the excellencies of Dr. Freund, but also for much correction and some additions. Into the 1,663 large 8vo. pages which form the volume before us, all the most valuable arrangements of detail have been compressed. It remains for us only to add, that we never saw such a book published at such a price."—EXAMINER.

EXTRACT FROM THE EDITOR'S PREFACE.

" The basis of the new Latin Lexicon here offered to the public consists of a translation of the *Wörterbuch der Lateinischen Sprache* of Dr. Wilhelm Freund, which was published at Leipsic in four volumes, containing in all about 4500 pages, in the following order:—vol. i. (A—C) appeared in 1834; vol. iv. (R—Z) in 1840; vol. ii. (D—K) in 1844; and vol. iii. (L—Q) in 1845. In the latter year the Author published, also, a smaller school lexicon in two volumes, comprising about 1800 pages, from which some corrections have been adopted in preparing the present work. From this has also been taken Appendix B, containing lists of words from the Italian and French languages derived from the Latin, whose origin is more or less obscured by the euphonic changes they have undergone. An examination of the lists will show the student the nature of the changes suffered by Latin words passing into either of those languages, and will enable him to refer without difficulty almost any Latin word found in them to its original. The Lexicons of Gesner, Facciolati, Scheller, and Georges, have likewise been made use of for the purpose of supplying occasional deficiencies in those of Dr. Freund.
" The object which the Editor has proposed to himself and his associates in the preparation of the work has been to condense these materials within the convenient limits of a single volume, and yet to preserve everything of real importance for general use in the larger Lexicon of Dr. Freund."

PUBLISHED BY SAMPSON LOW & SON.

[*Published on the 1st and 15th of each Month.*]

THE PUBLISHERS' CIRCULAR,

AND

General Record of British and Foreign Literature;

Containing a complete Alphabetical List of all

NEW WORKS PUBLISHED IN GREAT BRITAIN,

AND

EVERY WORK OF INTEREST PUBLISHED ABROAD.

Subscription, 8s. per Annum, stamped.

THE PUBLISHERS' CIRCULAR was established in 1837, under the management of a Committee of the principal Publishers of London; and at the present time offers the following advantages:—

TO BOOK SOCIETIES, BOOK-BUYERS,

and all persons engaged in Literary pursuits, it is of material service, containing, as it does, a perfect transcript of the Title, number of Pages and Plates, Size, and Price of every Book published in the United Kingdom, or imported from Foreign Countries,—a desideratum never before attempted in England. It contains also the Advertisements and Announcements of all the principal Publishing Houses.

TO PUBLISHERS

it is one of the most useful channels for advertising their Publications, as well as all other matters relating to the Trade, there being but few Booksellers who do not find it to their interest to read and circulate the same amongst their connexions.

TO THE RETAIL BOOKSELLER

a considerable advantage is offered in subscribing for a dozen copies; in which case each CIRCULAR is stitched in a wrapper, with the Bookseller's Name and Address conspicuously printed,—thus offering the advantages of a private Catalogue, issued every fortnight.

LaVergne, TN USA
29 October 2010
202772LV00004B/130/P